从宣传到传播

FROM PUBLICITY

广州日报近年主题报道经典案例剖析

TO COMMUNICATION

赵东方　汤新颖 / 著

南方日报出版社
NANFANG DAILY PRESS
中国·广州

图书在版编目（CIP）数据

从宣传到传播：广州日报近年主题报道经典案例剖析 / 赵东方，汤新颖著. --广州：南方日报出版社，2020.9
ISBN 978-7-5491-2057-4

Ⅰ.①从… Ⅱ.①赵… ②汤… Ⅲ.①新闻报道—案例—中国 Ⅳ.①G219.2

中国版本图书馆 CIP 数据核字(2020)第 005183 号

CONG XUANCHUAN DAO CHUANBO:GUANGZHOURIBAO JINNIAN ZHUTI BAODAO JINGDIAN ANLI POUXI
从宣传到传播：广州日报近年主题报道经典案例剖析

著　　者：赵东方　汤新颖
出版发行：南方日报出版社
地　　址：广州市广州大道中 289 号
出 版 人：周山丹
特邀编辑：李　沁
责任编辑：郭海珊
责任技编：王　兰
封面设计：邓晓童
责任校对：裴晓倩
经　　销：全国新华书店
印　　刷：广州市尚铭印刷有限公司
开　　本：889mm×1194mm　1/16
印　　张：14.5
字　　数：220 千字
版　　次：2020 年 9 月第 1 版
印　　次：2020 年 9 月第 1 次印刷
定　　价：49.00 元

投稿热线：（020）87360640　　读者热线：（020）87363865
发现印装质量问题，影响阅读，请与承印厂联系调换。

前言

主题报道并不是一件容易的事。

先看要求。习近平总书记高度重视新闻舆论工作，做出了一系列重要指示。总书记特别强调，要“加快推动媒体融合发展，使主流媒体具有强大传播力、引导力、影响力、公信力”，要“通过理念、内容、形式、方法、手段等创新，使正面宣传质量和水平有一个明显提高”。这些指示，事实上既指出了主题报道存在的问题，又指出了主题报道努力的方向。落实这些指示，广大党的新闻舆论工作者重任在肩，需要不断探索、不断总结、不断提升。

再看形势。随着新兴媒体的快速崛起，整个新闻传播业处在前所未有之大变局，舆论生态、媒体格局、传播方式都已经和正在发生深刻变化。在信息的裂变式传播中，在观点的多元化碰撞中，在人人都有“麦克风”的众声喧哗中，主题报道的“大喇叭”还管用吗？

再看实际。对于党媒来说，要特别注意防范出现“两个舆论场”的问题。所谓“两个舆论场”，通俗来说就是“你说你的，我信我的”，核心就是主流舆论不能真正占领阵地。近年来，主流舆论传播力建设进步很大，但总的来说，能够打动人、鼓舞人、激励人的主题报道作品还不够多。而在实际中，一些“低级红”“高级黑”的案例，更是抹煞和削减了主流舆论宝贵的传播力。

所以，对于广大党媒来说，真正做好主题报道，是一件难事，更是一件大事。

作为广州市委机关报，也作为全国报业改革的先行者之一，广州日报近年来不断提高政治站位、服务中心工作，明确提出了建设“精品党报”的目标。杨清蒲社长明确提出，要提升党媒核心功能，打造优质的新闻产品和品牌；要提高中心工作报道的策划意识、服务意识和精品意识。在积极推动媒体融合向纵深发展的大背景下，我们努力创新理念、内容、形式、方法、手段，提高主题报道的质量和水平，做出了一些初步的探索——本书所集纳的18个主题报道案例，就是这条探索路上的行行足迹。

这些探索当然还是初步的甚至稚嫩的，未来还有很长的路要走，但至少路是慢慢蹚出来了。我们也明确了要往哪里走，那就是，创新主题报道，真正提高主流舆论传播力。

首先说说创新思路。

相信党媒同行在实际工作中经常会收到这样的请求——“我们单位今年工作搞得不错，书记肯定，党报能不能给一个整版好好宣传一下”“我们工作亮点很多呀，能不能版面再大点、篇幅再长点”……我们想问的是，这种效果真的好吗？对于这些单位来说，也许目的能够达到，就是在上级领导面前刷了一把“显示度”，但说实话对于见怪不怪的上级领导来说，这种“显示度”的显示“度”又有多高呢？对于党报来说，长此以往版面上充斥的都是这些“重点”“亮点”，它的传播力影响力又剩下几许？恐怕连基本的“品相”都没有了。

相信党媒同行也会做出这样的报道策划——“某某工作是书记布置的重点工作，我们赶紧报它几个版，浓墨重彩‘轰炸’一下”“某某主题是今年重大任务，我们要策划推出重磅特刊，第一个版综述，接下来成就一、成就二、成就三”……我们也要问，这种策划实际效果好吗？给宣传部门的总结汇报倒是有了，“浓墨重彩”“全面立体”“铺天盖地”这些用语我们都能熟练运用。但还是那个问题，这些常规操作、寻常套路，真能达到我们希望的效果吗？

总而言之，如果我们的主题报道还是老套路，扪“纸”自问：你对读者的吸引力还有吗，对领导的吸引力还有吗？甚至，对以前趋之若鹜请求登报的那些政府部门来说，吸引力还有吗？

上面这些问题，毋庸讳言，我们同样存在，也一直让我们困扰苦恼。作为市委机关报，“围绕中心、服务大局”“营造良好舆论环境”“唱响主旋律、弘扬正能量”这些核心任务，说起来好说，做起来难，有实际效果更难。要真正达到效果，必须改变思路，从“宣传”向“传播”转变。

关于“传播”，学界比较公认的一种定义是“信息和意见的传导和双向互动”。学者分析指出，宣传关心主体，传播关心受众；宣传偏重单向，传播偏重双向；宣传侧重直接，传播侧重间接；宣传强调覆盖，传播强调渗透；宣传具有刚性，传播具有柔性；宣传重视信息筛选，传播重视信息公开……总之，全媒体时代的传播，更加强调通过受众喜闻乐见的、易于理解接受和潜移默化的有效方式来进行。也正是因为这个原因，我们才会看到诸如“裂变式传播”“病毒式传播”等威力十足的传播名称。

习近平总书记强调：“尊重新闻传播规律，创新方法手段，切实提高党的新闻舆论传播力、引导力、影响力、公信力。”提高“四力”，传播力居首，这就要求我们在主题报道中瞄准传播这个靶心，将立足点从“以我为主”向“以人为本”转变，表达话语从“官方语言”向“受众语言”转变，传播方法从“讲道理”到“讲故事”转变，操作组织从灌输罗列向创意策划转变……也只有这样，主题报道才能摆脱面目呆板、套路僵化、渗透乏力的束缚，打通传播的“任督二脉”，激发读者、受众和用户的真实共鸣，达到实在有效的传播效果。

其次说说创新手段。

提高主题报道的质量和水平，是一项很考功力的任务。转变思路很重要，转变方法手段更重要。这既需要“久久功”的不断沉淀，也需要“日日新”的不断尝试。近年来，广州日报编辑部提出“加强研究，加强策划，加强统筹”，结合主题报道要求，陆续策划推出《一份来自基层的报告》《排头兵报告》《广州创新英雄》《我们的新时代》《广州过年的一把（18）理由》《广州生态全扫描》《图说广州》等传播产品，在从“宣传”向“传播”转变、创新方法手段方面进行了不断的探索。

还是结合案例来说吧。

2017年，党的十九大举世瞩目，全国党媒重任在肩。作为地方党报，我们着力在“上接天线，下接地气”上下功夫，策划推出《南粤回响》《支部生活》《重温党史》等20个栏目。栏目很多，但贯穿着一条主线，就是把北京的十九大会场和广东的基层党支部连接起来，把总书记重要讲话和广州改革实践、百姓工作生活连接起来，高音低音搭配，协奏“中央号角南粤回响”的主旋律，形成了自己的特色。

2018年，改革开放40周年，我们力图在宏大叙事中找到小切口，从“新时代属于每一个人”的立意出发，紧密结合广东基层实践，聚焦人物故事，推出《我们的新时代》全年系列报道，通过讲述一个个“小人物”的“小故事”来折射“大时代”的“大变迁”，工笔描摹宏大画卷。

这种探索在刚刚过去的2019年体现得更加集中。3月，全国两会期间，在习近平总书记对广东提出“四个走在全国前列”重要指示一周年的日子里，我们通过各行各业一线干部群众的亲身实践，展现一年间广东、广州扎实推进改革发展的举措成效，向总书记交出了一份沉甸甸的“来自基层的报告”；4月，为了给粤港澳大湾区中心城市之一的广州“抢抓大机遇，焕发新活力”鼓呼建言，我们调动林毅夫、郑永年、范恒山等高端专家资源，发起了一场影响力通达全国的“坐言起行大讨论”；5月，亚洲美食节在穗盛大开场，我们邀得大咖、大师、领事、百姓齐齐加入“美食”朋友圈，推出《广州味道十九探》《心愿料理屋》等产品，诠释“和味亚洲”的深刻内涵；7月，为铭刻新中国70年的奋斗足迹，我们选取城市地标这一切入口，用精美的12组手绘图定格广州城12组地标，定格住一座城的美，也定格出了70年的变；10月，新中国70岁生日之际，我们在广州日报全媒体平台“演奏”了一曲媒体融合创新的《生日歌》“交响乐”，报纸以“70年70首歌”为主线推出40个大版特别报道，新媒体端口唱响采编人员自己填词谱曲演唱的原创MV《十月里》，酷狗音乐平台、商圈大屏等传播媒介全面开动，MV播放量超过千万……

凡此种种，无论是上下结合、立足基层、聚焦人物，还是创新形式、创意呈现、融媒表达，都是我们创新传播内容、形式、方法、手段的努力和探索。

最后说说创新机制。

无论好的思路，还是好的方法手段，归根结底都是由人来完成的，必须要有人，而且要有人有组织地开展工作。这就是怎么理顺和完善机制，保障和催化生产的问题了。近年来，广州日报通过组建中心工作室和新闻研编组，通过大力推进媒体融合改革、成立全媒体编辑中心，不断保障和加强主题报道策划和生产。

2017年，夜班编辑中心成立时政研编组、创意研编组、身边研编组、民生研编组、国际研编组等五个研编小组，大力鼓励研究、鼓励策划、鼓励统筹。30多个夜班编辑按照兴趣和岗位分别进入各个研编小组。小组每周定时开会，进行业务研讨和选题策划。部门设立内部奖励，鼓励新闻策划，有力地促进了编辑策划意识大加强、统筹能力大提高。夜班编辑们不再只是“熬”夜班了，更要“熬”选题、“熬”创意，工作量增加了，但累并快乐着。

2018年，夜班编辑中心更明确提出，以打造工作室、研编组为抓手，以加强研究、加强策划、加强统筹为突破口，努力打造优质新闻产品的研究员、策划师、统筹官，推动中心工作报道实现高质量发展，不断提高优质新闻产品供给能力。五个研编小组火力全开，完成了一系列高质量的策划统筹工作。比如，当年纪念改革开放40周年的大型策划《我们的新时代》百人故事系列延续全年之久，稿件规模之多，统筹难度之大，堪称历年之最。为了确保精品生产，时政研编组采取统筹编辑负责制，几位编辑明确分工、全程接力，牢牢掌控策划、采访、编辑全过程，有效保证了大型系列报道的持续高质量。也是在当年我们推出了一系列精品报道和栏目，例如，创意研编组策划推出《广州过年的一把（18）理由》和《广州科技解码公开课》，身边研编组策划推出《广州文化拾遗》和《名医解惑》，民生研编组策划推出《高考名师公开课》和《小区老了》，国际研编组策划推出《科技前沿》和《军情天下》等。不但老编辑们积极策划统筹，连入职一两年的小编辑也当起了“栏主”，有了自己的一亩三分地。根据当年工作总结，五个研编组2018年共完成重要选题或任务630项，也就是说，在正常夜班工作之外平均每天额外完成1.7个重要选题或任务，毫不夸张地说，真正成为广州日报新闻报道的新的发动机。

与新闻研编组一体两面的是编辑统筹制，这也是我们造的“新名词”。简而言之，就是编辑关口前移，从新闻生产的下游溯流而上，介入策划、组织、采访、制作、发布等全流程，充分发挥编辑部统筹协调的作用，有效保证策划的精准执行和内容的精品生产。举个例子吧，2017年、2018年推出的《广州生态全扫描》全媒体系列报道，我们就是采取了“统筹编辑+全媒体小分队”实地走访的形式。其中“溯源流溪河”系列，编辑部选派一名年轻编辑，统筹协调文字、摄影、视频等各路记者十多次深入流溪河流域，靠前介入采访，协调各方配合，统筹全媒生产。“探秘广州脊”系列，统筹编辑跟着徒步小分队挥汗五小时登上天堂顶，以广州群山18亿年地质史为线索带领读者重新认识一座座南粤名山。再如，在2018年《广州过年的一把（18）理由》策划执行过程中，负责项目统筹的夜编中心专门成立统筹小组，组长全盘掌控进度，各个组员各司其职，对接采访部门，跟进采访进度，把关图片、文字和视频质量，最终确保了郎朗、黄晓明等一众大咖为广州“带盐”。

除了部门层面的新闻研编组，报社2017年成立的中心工作室，更是在统筹整合报社不同部门不同线口采访资源、强化选题策划、保障精品生产方面发挥了重要作用。中心工作室负责人由夜班编辑中心分管驻市委、市政府记者的副主任担任，有权按照上级要求和报社部署，统筹调度其他采访部门相关线口的记者，协同完成重点报道任务。2018年8月开栏的《排头兵报告——广州贯彻落实“四个走在全国前列”新实践》这一品牌专栏，就是在中心工作室的统筹调度下运作的。在70多篇精品报道的生产过程中，我们充分发挥中心工作室的统筹调度功能，调动报社采编资源进行选题策划和采访组织。夜编中心则专设栏目统筹编辑，制定栏目工作规程，从策划、采访、写稿到修改、包装、制作全程跟进，严控选题、严控写法、严控质量，保证了栏目的高质量运作。

2019年10月，广州日报启动媒体融合机构改革，广州日报全媒体编辑中心正式成立。作为推进媒体深度融合发展的全媒体总编室，全媒体编辑中心是全媒体指挥中心的参谋执行机构，是报社全媒体生产的统筹协调机构，是统一指挥、整体策划、协同运作的报纸和新媒体编辑和发布机构，承担对外统筹协调、对内一体管理的职能。

几个月来，“年轻”的全媒体编辑中心逐步建立和完善工作机制，不断优化和强化在报社全媒体生产中的策划统筹协调功能。值得一提的是，全媒体编辑中心专门设置了六名策划统筹编辑，由此前夜班编辑中心和新媒体编辑部的资深编辑组成，包括前面说的时政研编组组长、创意研编组组长等骨干。除了肩负日常重要新闻报道的策划统筹工作之外，策划统筹编辑通过组建由报纸编辑部、数字编辑部和有关采访部门人员构成的全媒体研编组和项目组，积极进行打通报纸和新媒体、打通编辑部门和采访部门、打通“新闻+服务”的重大主题策划，初步实现全媒体生产的整体策划。

2020年，一场新冠疫情突如其来，全媒体编辑中心迅速进入实战，策划统筹编辑们日夜兼程，接连策划统筹《决胜阻击战•广州故事》《惊蛰•英雄花》《春分•正气歌》《广州力量》《庚子英雄》等大型报道，《罩顾好心情•武志红晚安海报》《小林“疫”历》《返程返工返岗返学全指引》《滚滚战疫图》等海报长图，《开工吧健康君》《战疫者的“圆”宵》等视频作品，《广州电视课堂》《手印•铭记》《我为“第一书记”点赞》等传播活动。《荆州英雄》H5微博阅读量突破百万，《新冠肺炎特效药》海报被央媒等广泛转发，《钟南山战疫50天》融媒体作品登上微博热搜榜首……媒体融合下的策划统筹初见成效，策划统筹下的媒体融合更进一步。

最后还想说，除了上面讲了一大堆的创新思路、创新手段、创新机制，更需要创新的是我们的激情。这个表述可能不太标准，激情怎么创新？我们想说的是，始终保持激情，别让它闲下来沉下去。随着环境的变迁，随着岁月的沉淀，我们每每提起那些“激情燃烧的岁月”，但这不应是过去时。不管是创新思路，还是创新手段，还是创新机制，激情不正是归根结底的推动力吗？

这一点我们在那些优秀的资深的报纸编辑“转行”做H5、拍短视频时看到了，在那些刚刚入行的小编“斗胆”去做策划统筹时看到了，这每每让我们心生满足。本书集纳的18个案例，因为行文原因，主创者和参与者们未能一一具名，但相信“老夜编”这个名字会和这些案例一起记录在《广州日报》上，记录在大家的心里。

这一点我们更在去年退休的李婉芬总编辑、今年即将退休的黄卓坚常务副总编辑身上看到了。她们是广州日报主题报道的指挥者。在一次次重大报道战役中，在日日夜夜的坚持中，她们身上所洋溢着的新闻人的激情，一直让我们心生力量。

长路漫漫，我们将继续求索。

目录 CONTENTS

01

把党的十九大会场和广东基层党支部连起来

重大时政主题如何做出鲜活视角？中央会议报道怎么做出地方特色？向来是党报工作者，特别是地方党报工作者面临的难题，也是必答题。

2017年10月18日到24日，中国共产党第十九次全国代表大会胜利召开。对于这么一次擘划蓝图、指引未来的大会，报道既要准确稳妥不出事，又要立体鲜活能出彩，毫无疑问是一项重大政治任务，也是一项巨大业务考验。所以，不少党报同行最晚从2017年年初起，选题策划工作就开始魂牵梦绕了。

作为地方党媒，而且是改革开放前沿地党媒，广州日报这次还是着力在“上接天线，下接地气”上下功夫，就是要通过一整套的全方位立体式策划，把北京的十九大会场和广东的基层党支部连接起来，把习近平总书记重要讲话和广州改革实践、百姓生产生活连接起来，让党的创新理论飞入寻常百姓家，让新鲜热辣的基层实践第一时间得到呈现和总结，高音低音搭配协奏“中央号角南粤回响”的主旋律交响乐。

经过几十次大大小小的讨论，报社领导指挥下的策划团队逐步搭建起框架思路——按照会前预热、会中学习、会后贯彻的总体布局，主抓京穗连线，推出《南粤回响》《支部生活》《重温党史》《代表回基层》《我的城市我见证》等20个栏目，用不同角度、不同方式，搭起学习宣传贯彻十九大精神的立体传播矩阵。

会前预热：100个创新故事拉开大会报道序幕

对于重大会议报道来说，“预热”必不可少，关键是从哪里“热”起。广州日报选择了“创新”——首先，党的十八大以来，“创新”以从来未有的高度占据了五大发展理念之首。其次，对于“敢为天下先”的广东而言，创新更别有意义。2012年12月，总书记视察广东提出“我国要走创新发展之路，必须高度重视创新人才的聚集”的要求；2017年4月，总书记又对广东提出“为全国实施创新驱动发展战略提供重要支撑”的要求。那么，

6

牢记总书记嘱托　百人畅谈五年创新路

万众创新“新”火燎原

新型柔性显示技术世界领先

实现广州人的汽车自主品牌梦

打破海外巨头的技术壁垒

解决地震特征精确识别难题

运用大数据建智能审单数据库

足不出户办理证件

为大众生活植入更多文化基因

科技手段恢复700年传统陶艺

用技术手段缩短侦查办案流程

实现交通情报信息可视化

《牢记总书记嘱托　百人畅谈五年创新路》栏目版面

广东创新到底落实得怎样？这正是一个聚焦点。

主题选好了，怎么推开？或者说“天线”搭起来了，“地气”怎么接？我们把镜头对准了人，把版面交给了故事——各行各业的创新精英们，是怎么贯彻创新发展理念的？有什么样的创新故事？分享哪些经验教训？在报社领导指挥下，采编总动员，迅速派出多路记者，分赴珠三角国家自主创新示范区各市，重点聚焦广深科技创新走廊，一口气采访了100位创新人士。

10月10日，十九大开幕前一周，广州日报连续推出《牢记总书记嘱托　百人畅谈五年创新路》，每天1个版，每版10个人；广州参考客户端推出“文字+图片+视频”同名专题。连续10天密集轰炸的全媒体报道，用100张创新面孔、100个创新故事、100段创新感言，生动呈现了创新发展的广东脚步。预热“热”了。

会中学习：第一时间专访中央党校教授解读报告

十九大报告内涵丰富、博大精深，全文达3.2万字。做好学习宣传、帮助干部群众学懂弄通做实，成了大会期间的首要任务。我们策划推出一系列解读学习专栏，首先考虑的是，解读学习不能空对空，必须立足广东广州工作实践学好、用好。

一是聚焦“解读”，调动独家智库资源，推出《高端访谈》《专家做辅导》等栏目。总书记做完报告后不久，北京前方团队就专访了中共中央党校教授辛鸣、戴焰军和省委党校常务副校长杨汉卿等权威专家，结合广东广州工作实际，当“辅导员”“敲黑板”，带着读者一起学习报告。其中，辛鸣教授是在接受完中央电视台直播采访后，立刻被我们“拉”到广州日报北京演播室接受专访的。这个专访视频后来被全网推送。事实上，无论是党的代表大会还是全国两会，第一时间运用智库资源，邀请一流专家解读报告，已经成为广州日报坚持了20多年的好传统。

二是聚焦“学习”，连线广东代表群众，推出《代表访谈》《基层代表风采》等栏目。前方团队撒网“围追堵截”党代表，用短平快的呈现方式听他们讲述听报告、学报告的所思所得所谋所盼。大会期间，前方团队覆盖式采访了80多位来自基层的党代表。同时，后方团队也不闲着，策划推出《区委书记访谈》等专栏，让广州的干部群众分享学习心得、谋划发展路径。

京穗连线：《南粤回响》第一时间发出地方基层声音

《十九大时光》是全国党媒都有的栏目，广州日报策划的《南粤回响》《支部生活》《重温党史》三个子栏目，靠着“打通基层”“地方回响”，获得中央宣传部的肯定。

十九大时光

奋力书写最美南粤画卷

广东基层党支部积极准备收看十九大开幕大会直播

佩戴党徽 收看直播

支部生活

十九大前夕基层党员分享过去五年成就和对未来的期盼

民生实事 越办越实

继往开来 南粤回响

“为中华民族伟大复兴汇聚更大力量”

——各地群众纷纷致信预祝党的十九大圆满成功

《支部生活》《南粤回响》栏目版面

党的十九大开幕当天，在总编辑指挥调度下，广州日报派出50多名记者深入全省基层一线，深入街道社区、田间地头、工矿企业、大专院校、医院、机关……几天下来总共采访了近百个基层党支部、数百名基层党员群众，用生动贴近的视角展现广东广州干部群众学习十九大报告的热烈场景。如2017年10月19日见报的《南粤回响》栏目《我参与 我见证 我自豪 我幸福》，就是记者兵分多路直击各界干部群众收看直播现场，听他们从自身的角度出发讲述五年的变化和未来的期盼。这些人中，有环卫工，有窗口办事员，有民企董事长，有工商联主席。他们朴实无华的表述，就是全国基层干部群众学习贯彻大会精神的激情回响。

《支部生活》栏目则把视线聚焦到基层党支部、聚焦到基层党员，深入街道、山区、机关、工厂、军队党支部，第一时间报道基层组织和党员踊跃学习大会精神。老党员跟着开幕式奏响的国歌边唱边流泪、社区党支部组织党员收看直播、党员边看边做笔记边讨论……一幕幕场景见人见事、真情实景，将北京大会现场和广州基层党员紧紧连到了一起。

会后贯彻：用人物故事和实际工作让主流报道贴近可信

大会闭幕了，但报道才刚刚开始，学习宣传贯彻报道次第铺开。广州日报组合推出《我的城市我见证》《广州在行动》《基层见行动》《代表回基层》等专栏，分别从生产建设一线、政府部门、基层单位、党代表等不同角度，用不同的手法，展现广东广州学习贯彻十九大精神的具体举措和实际成效。

如《代表回基层》专栏，我们派出记者贴身跟随广州基层的党代表，记录他们回到工作岗位后带头贯彻落实十九大精神想什么、干什么。2017年11月1日见报的《党代表勇救火》就报道了十九大代表颜柏青突遇火情组织灭火的事迹。这篇报道现场感强、细节充实，用真实鲜活的人物故事凸显了党代表风采，拉近了学习贯彻十九大精神和普通老百姓之间的距离。

《我的城市我见证》重大项目巡礼栏目则以镜头展开，逐个探营广州60个重大项目，以“施工现场航拍图+规划图+项目建设+所有者建设者设计者采访”的形式，通过读者线上互动参与等方式，全媒体展现广州重大项目的进展，让十九大精神贯彻落实报道更真实、更贴近、更有实效。

贴近化、多样化的栏目设计，目的就是打破千篇一律的表态发言式的呆板套路，用人物、用故事、用图片、用实际工作、用身边事例，让主流宣传贯彻报道可近、可亲、可信。

经过采编团队提前一年的准备和数十天的日夜鏖战，广州日报十九大报道取得了良好的传播效果，也获得上级部门的高度评价。其中《十九大时光》获得中央宣传部和广东省委宣传部表扬，被称为全国《十九大时光》栏目做得最好的之一；《百人谈创新》栏目和专访中央党校教授辛鸣视频被全网推送；《基层代表访谈》《广州靓爆镜》等栏目也得到广东省和广州市主要领导同志表扬。省委主要领导同志表扬广州日报十九大报道一方面做到“对标”，另一方面做到创新。他甚至举例说，一张新华社通稿图片，经过广州日报的处理，就非常精彩地表现了代表们活灵活现的表情。“《广州日报》作为党报能做得这么好，能把版面做得这么活，不容易！”

/ 专题范文 /

《继往开来　南粤回响》专栏：
2017年10月19日A13版见报——

广东广州各界群众踊跃收看大会直播　五年辉煌成就深铭人民心坎里

我参与　我见证　我自豪　我幸福

2017年10月18日，党的十九大开幕，广东广州各界群众打开了电视、手机连上了Wi-Fi，认真收看十九大开幕会。广州日报记者走访基层，带来市民们的澎湃心声。

海珠区凤阳街环卫工雷秀存：孩子成长在广州　我幸福

10月18日上午，49岁的环卫工刘六英正从电视上收看直播，此时丈夫雷秀存正在外工作，为了让丈夫一起分享精彩画面，她掏出手机录了一段视频。“我和丈夫是湖南人，20年前就来到广州了，是一对环卫夫妻。”刘六英自豪地告诉记者。

刚来广州时，雷秀存32岁，刘六英29岁，夫妻俩还带来了两个年幼的儿子。如今，两个孩子都在广州长大，并在广州工作。“大儿子在天河区做电商，小儿子在附近送外卖。”两个孩子各有所长，夫妻俩的收入也在逐步增长。

虽然没有看到电视直播，雷秀存却通过广州参考客户端观看了习近平总书记作报告的文字和视频直播。对于十九大的召开，雷秀存非常激动地说：“作为一名基层共产党员和环卫工人，我为十九大的召开感到兴奋。”

雷秀存表示，十九大报告充分体现了党对广大劳动群众的重视和关怀。“今后我会努力学习贯彻十九大精神，更加切实做好环卫工作，让花城更加整洁、干净，把花城打扮得更加靓丽。”他说。

住房公积金办事员何家利：参与公积金管理创新　服务千万家庭

尽管党龄不长，30岁的何家利已在广州住房公积金管理中心越秀管理部的窗口岗位度过七个春秋，协助近6000名群众圆了有房梦。

十八大以来，创新之变也让她感触良多。五年里，她所在的公积金中心不断推出便民新政策、新技术：提取审批系统的上线、微信公众号、网上办事大厅、“刷脸”登录等新技术的开发方便了广大缴存单位和缴存职工；放宽租房提取政策的实施惠及广大没有购房的职工；个人自愿缴存政策的实施也进一步发挥了住房公积金制度的普惠性；对就业人员自住和改善性住房需求的支持力度不断加大；不断地简化提取、贷款手续和材料更是大大方便了前来办理业务的市民。

倾听十九大报告后，她对未来充满期待。“十九大报告让我们感到非常振奋，为我们指明了方向，我们已经进入中国特色社会主义新时代，这是历史给我们每个中国人最美好、最难得的机遇。作为共产党员的一分子，我会继续用突出的工作成绩和良好的精神风貌向社会展示政府窗口部门的良好形象。”

金域医学检验集团董事长梁耀铭：参与和见证了人民健康事业发展

18日上午，广州金域医学检验集团董事长兼首席执行官、党委书记梁耀铭告诉广州日报全媒体记者，认真收看学习了十九大报告后，不禁心潮澎湃、备受鼓舞。“报告中提出，党的十八大以来，人民健康和医疗卫生水平大幅提高，作为一名祖国医疗卫生事业的参与者和见证者，对此我也倍感自豪，对未来的发展更加充满信心。”

梁耀铭表示，金域医学作为一家扎根南粤、服务全国的高科技服务企业，作为一家社会化医疗机构，未来也将坚决按照报告精神要求，号召全体员工，更加积极地参与到健康中国的建设，为国家的繁荣富强、为国家医疗改革的进一步深化，贡献自己的一份力量。

科大讯飞高级副总裁杜兰：为中国人工智能技术发展自豪

科大讯飞股份有限公司高级副总裁杜兰说，中国人工智能产业的发展，特别是科大讯飞的发展，每个阶段都与坚持党的领导密不可分。正是在党的“坚持科技自主创新”的号召下，科大讯飞的创始团队从1999年开始，秉承“智能语音要由中国人做到世界最好”的理念，坚持源头技术创新，默默朝着人工智能这座高山攀爬了18年：这18年是科大讯飞让中文语音技术由中国人做到全球最好的18年，更是让中国在第三次人工智能产业浪潮中不再缺席和不断地积聚能量、蓄势待发的18年。

杜兰表示，今天，在我国发展新的历史起点上，把科技创新摆在更加重要位置，吹响建设“科技强国”的号角。学习十九大报告后，科大讯飞将坚持走中国特色自主创新道路，加快创新，掌握全球科技竞争先机。

广东省总商会副会长叶德林：民营企业家合法权益获得保护

在民营经济非常发达的佛山，广大民营企业家对十九大的召开充满期待。18日上午，佛山市工商业联合会组织部分民营企业家观看了十九大开幕会和习近平总书记的报告，并进行了热烈的讨论。

广东省总商会副会长、佛山市工商联主席、广东新明珠陶瓷集团有限公司董事长兼总裁叶德林表示：“今天我听到报告里提到了要激发和保护企业家精神。企业家精神郑重地写进了十九大报告，我感到十分振奋。民营企业家可以名正言顺地受到尊重，企业家精神可以大张旗鼓地弘扬和得到传承、发扬，民营企业的合法权益进一步得到保护。”

叶德林说，对于民营企业来说，现在正是一个广大民营企业可以大有作为的新时代。作为一个民营企业家，听了报告以后更有信心去发展企业，今后会更一心一意地搞好自己的企业，做有担当的企业。

（作者／广州日报全媒体记者秦松、汤南、王晓全、倪明、李春先）

《支部生活》专栏：
2017年10月19日A13版见报——

广东广州基层支部党员收看学习十九大报告
抒发建设祖国未来的壮志豪情

我忠诚　我自信　我创新　我奋斗

昨日，广东广州各地各单位基层党支部人头涌动，社区党员、群众相约观看党的十九大开幕会。广州日报记者奔赴各地的基层党支部，倾听收看直播的基层党员所感所想。

老党员唱出赤胆忠诚

上午还没到8时，有62年党龄的84岁退休干部马振义已经来到荔湾区昌华街的西关大屋社区礼堂，找到一个位置坐下。开幕会奏响国歌，老人家随即跟唱，唱出一腔爱国赤诚，老人激动得流下眼泪。

“心情很激动。”马振义说，“报告中‘不忘初心、牢记使命’让我印象十分深刻。”他表示，忠于党忠于人民，正是共产党人的崇高品德。“报告中提到文化自信和文化惠民，这些都很重要。”荔湾区昌华街党工委书记周广喜告诉记者：“十九大报告提到，‘没有高度的文化自信，没有文化的繁荣兴盛，就没有中华民族伟大复兴。要坚持中国特色社会主义文化发展道路，激发全民族文化创新活力，建设社会主义文化强国’。我相信十九大后，社区的文化活动会越办越多，越办越好，广大群众的文化自信将更强！”

建设平安有序城市　创新执法管理

18日上午9时，广州市城管委机动分局机场路办公点的饭堂特别热闹。数十位城管队员身着执法服装端坐在桌旁，收看党的十九大开幕会直播。

机动分局机场路办公点五中队党支部书记徐海华表示，几天前就通知全体要准时收看开幕会直播，党员们都很期待。

“有些党员前一晚才刚上完夜班，但他们都主动表示要在单位先看完开幕会再回家休息。其中还有几位原本补休的党员也特意回到单位，一起观看开幕会。”徐海华说，因为党员、群众都来观看，原本的会议室不够坐，大家就在饭堂一起看，两台电视机同时打开，党员之间交流心得体会，这也是难得的体验。

1986年入党的老党员刘可文心情十分激动。他曾获得全国五一劳动奖章、广东省优秀转业干部、广州市劳动模范、廉洁广州2014十大人物等荣誉。刘可文告诉记者，他对国家在过去五年取得的成就感到欢欣鼓舞，更对祖国未来的发展充满信心。收看了十九大报告以后，要认真学习贯彻其中的精神，创新、指导城管队伍平时的执法、队伍管理和教育等工作。刘可文信心满满地表示，今后要以更大的热情、更高的觉悟为广大广州市民服务，为“更干净、更整洁、更平安、更有序”的城市环境建设努力奋斗。

佩戴党徽做笔记　记录历史时刻

18日上午9时，新河浦社区党委分别在社区二楼会议室和星光老年之家组织党员群众收看党的十九大开幕会直播。为了集体收看学习，不少党员特意从家中赶来，提前到达。18日一早，在新河浦社区居委会二楼会议室现场，党员群众坐满了整个会议室，正等待着见证党的十九大开幕这一历史性时刻。新河浦社区党委书记涂莉介绍，此前通过党员微信群发布通知，考虑到社区内部分长者没有使用智能手机，工作人员一一打电话，确保通知落实到位。党员群众的反响十分热烈，均提前准备好党徽，佩戴在左心口处，提前到达现场落座。

为中国自豪　为祖国奋斗

18日上午，位于东莞南城的广东科技学院图书馆报告厅几乎座无虚席。600多位师生齐聚一堂观看十九大开幕会。

《南粤回响》《支部生活》栏目版面

"今天我们党委书记、各党支部的部分成员，以及许多师生党员都来了，大家的积极性非常高。"该校党群工作部一名老师告诉记者，学校组织到报告厅看十九大开幕会直播，很多学生是自愿参加，由于阶梯会议室座位快坐满了，一些学生以为后面没有座位，还站在外面看了好一会儿。

"作为中国人，非常有自信，为中国感到自豪。"18日12时30分许，听完十九大报告之后，广东科技学院党委书记梁瑞雄十分感慨。他说，十九大报告对未来的发展做出了清晰而全面的规划，让人感觉很振奋，很有希望。结合教育领域，梁瑞雄表示，报告中提到，"高等教育要加强内涵建设，提高质量"，这对高校定位和发展具有很强的指导意义，根据学校的发展规划，广科未来要建设成为高水平民办理工科学院，接下来学校也要为实现这个目标去奋斗。"我们将凝聚各方力量，扎实做好各项工作。"梁瑞雄说。

在十九大开幕之前，由于自愿前来的学生很多，不少系预留的座位都不够坐。收看学习十九大报告之后，不少学生十分兴奋。

"作为学生，作为党员，听完总书记作的报告，我感到特别的高兴。"该校大三机电系自动化班学生党员符连杰告诉记者，18日上午机电系来了70—80人观看十九大直播，同学们的热情都很高。他还说，今后要努力奋斗，勇敢创新，为祖国的繁荣昌盛贡献力量。

（作者 / 广州日报全媒体记者曾卫康、李波、梁超仪、陈臣）

02

全国两会来了｜场『大学习』

每年全国两会，对于全国新闻同行来说都是一场考验脑力和体力的新闻大战，对于广州日报来说更是一年新闻报道的揭幕大战，报社上下历来高度重视。一连十几年，都是常务副总编辑亲自带队，从报社各个部门抽调采编精英组成数十人的采访团队，浩浩荡荡开赴北京投入为期半个月的新闻大战。广东代表团下榻的首都大酒店和附近的东交民巷酒店，不知浓缩了多少“跑会”记者的酸甜苦辣。事实上还远不止如此，俗话说“兵马未动，粮草先行”，大战之前好几个月，排兵布阵、运筹帷幄就已经在大本营开始了——什么是当年重点？怎么才能创新？怎么具体展开？策划团队真是挠破脑袋。虽然年年情形不一，但简单概括来说，广州日报的全国两会报道至少有两个拿手招数：一个是“京穗连线”，坚持前后联动；另一个是“解读报告”，坚持高端访谈。这两招多年来屡试不爽，逐渐成为广州日报两会报道的特色。2019年的全国两会报道，就是一个典型案例。

那这一年的两会报道是怎么破题的呢？党的十九大以来，学习习近平新时代中国特色社会主义思想成为全党上下的必修课，“学习强国”“学习小组”等应运而生。全国两会期间，总书记下团组时会发表一系列重要讲话，这无疑是两会最强音，也是各个领域做好今后工作的“指南针”、广大干部群众必修的“指导课”。那么，我们何不在两会期间紧紧围绕这些讲话，掀起一场“大学习”呢？这不就是两会报道最好的主题吗？

随即，一切围绕“大学习”展开。一连十几天，在报社领导指挥下，采编团队紧紧聚焦总书记重要讲话，坚持原汁原味学、提纲挈领学，上下打通学、专家辅导学，融媒平台学、深入基层学，结合实践学、落到实处学，通过京穗连线和权威解读两个抓手，推出《学习金句》《学习笔记》《街坊两会》《一份来自基层的报告》《牢记嘱托　湾区追梦》等一系列全媒体产品。所有这些，就是要把全国两会报道打造成为全面深入阐释习近平新时代中国特色社会主义思想的重要窗口，将最权威的声音贯彻到基层“最后一公里”。

原汁原味学　提纲挈领学
《学习金句》第一时间“划重点”“敲黑板”

“大学习”首先要学原文、学要点。总书记讲话思想深刻、内涵丰富，怎么帮助广大干部群众在第一时间掌握这些讲话的核心要义？我们首先开设了《学习金句》栏目，专门拿出充足版面，为读者用户划“重点”、敲“黑板”。具体做法就是精准提炼讲话中的隽语金句，突出醒目、简明扼要地进行设计排列，让读者用户第一时间、在报纸和客户端上，就能快捷方便地学习掌握最新讲话的核心要义，让“大学习”达到原汁原味学、提纲挈领学的效果。

从3月5日开始，《学习金句》栏目分别围绕总书记看望参加政协会议的文艺界社科界委员时的重要讲话精神，参加内蒙古代表团、甘肃代表团、河南代表团、福建代表团、解放军和武警部队代表团审议时的重要讲话精神，先后推出《以精品奉献人民　用明德引领风尚》《脱贫攻坚不获全胜决不收兵》等六期报道，全程、及时、准确地对系列讲话进行重点摘录、突出呈现。3月12日，《学习金句》还策划推出了《总书记五下团组，这些嘱托要牢记》报道，总结梳理总书记几次下团组的重要讲话精神，好比来了一堂“复习课”，做到总结回顾、温故知新。《学习金句》栏目在线上线下受到了读者用户的欢迎，还多次被《学习强国》App引用。

学习金句

总书记五下团组，这些嘱托要牢记

传播时代声音　展现中国气象

——中央和地方媒体两会报道精彩纷呈　本报专栏《学习笔记》获新华社点赞

为创新发展营造良好环境

《学习金句》栏目版面

上下打通学　专家辅导学
中央党校教授来到“街坊学堂”

“大学习”还要权威解读学、紧扣实践学。我们前面提到，广州日报重大主题宣传和中央会议报道注重“上接天线，下接地气”，立足广东、广州工作实践做文章。这场“大学习”同样如此，学懂弄通做实讲话精神也要结合本地、联系工作、突出基层。2017年3月1日开始，我们策划推出《学习笔记》和《街坊两会》两个姊妹栏目，力图实现高低搭配、上下贯通——《学习笔记》是“代表委员班”，组织广东赴京代表委员学，结合工作实际谋发展、话落实；《街坊两会》是“基层干群班”，发动广州基层干部群众学，紧扣基层民生说变化、提建议。两个“课堂”不光有“学员”，更有“老师”——我们利用智库资源，请来中央党校教授和广东省、广州市党校教授当起“辅导员”，结合工作要点、围绕身边热点作辅导讲解，帮助代表委员和干部群众学深悟透。

学习笔记·代表委员学习重要讲话

为中国智慧贡献广州经验

用绣花功夫推动广州实现老城市新活力焕发大城市大气象

把更多人才聚集在广州这片热土

发掘民间文化打造文艺界“奥斯卡”

将优秀传统文化传播到五湖四海

加快研发为健康中国做出更大贡献

为推动宪法精神落地生根作贡献

实现老城市新活力人才是第一位

以“大”带“小”当好核心引擎

《学习笔记》栏目版面

比如3月5日总书记发表关于生态文明建设的重要讲话，《街坊两会》就邀请中央党校教授辛鸣与广州街坊围绕身边环境互动学习，推出《生态文明建设不动摇不松劲》《青山就是美丽　蓝天也是幸福》两个整版报道；《学习笔记》则邀请市委党校教授武三中与代表委员围绕绿色发展互动学习，推出《咬紧牙关迈过环境治理这道坎》一个整版报道。两个栏目聚焦主题，从不同角度展开了“分班”学习。

两会期间广州日报共推出九期《学习笔记》和七期《街坊两会》，新媒体还运用H5、互动小游戏等手段推出《永庆坊朋友圈》《中国有绿量》等产品，可以说是线上线下同时“开课”。

融媒平台学　深入基层学
广州百街大联动　打通“最后一公里”

“大学习”还要向基层拓展、向楼宇延伸、向群众靠近，“打通最后一公里”。就在2019年1月25日，中共中央政治局在人民日报社就全媒体时代和媒体融合发展举行第十二次集体学习，总书记强调“推动媒体融合发展、建设全媒体成为我们面临的一项紧迫课题”，“要不断总结经验，在理念思路、体制机制、方式方法上继续探索，在向基层拓展、向楼宇延伸、向群众靠近上继续下功夫，为人民群众提供更多更好的文化和信息服务，让人民日报离人民更近”。这些重要论述，对于全国新闻媒体改革发展而言意义非凡。广州日报社领导决定，就把这次全国两会报道当成一次融媒总动员，运

《街坊两会》栏目版面

《牢记嘱托　湾区追梦》栏目版面

用好、提升好媒体融合平台，让权威声音“打通最后一公里，深入万千百姓家”。

3月5日，总书记首次下团组选择了内蒙古代表团。广州日报抓住这一节点，精心谋划、重磅推出“街坊两会学堂”融媒直播活动。报社首次启用全国先进的“融媒体指挥中心”，总编辑坐镇指挥，实现京穗实时连线、四点视频采访直播——一方面连线北京演播室嘉宾、中央党校教授辛鸣，第一时间解读总书记重要讲话；一方面连线广州永庆坊、赤岗街的干部群众，第一时间学习讲话并与辛鸣教授展开互动学习……在两地连线、四点直播的互动学习交流中，广州日报融媒平台实力得到了检验。这不就是贯彻落实总书记媒体融合发展讲话精神的生动实践吗？

不仅如此，“街坊两会学堂”还通过广州日报报业集团旗下、覆盖广州140多条街道的信息时报微社区E家通，实时组织广州百条街道大联动，让大教授、老街坊在融媒平台上第一时间互动学习习近平总书记讲话精神，努力让权威声音“打通最后一公里，深入万千百姓家”。

结合实践学　落实工作学
《一份来自基层的报告》向总书记交出鲜活答卷

“大学习”最终要落到“真落实”上。早在一年前，也就是2018年3月7日，总书记参加十三届全国人大一次会议广东代表团审议，对广东提出了“四个走在全国前列”的重要指示。恰逢一周年，无疑是到了交答卷的时候了。我们把这当作一个关键节点，提前进行重点谋划，两会期间推出了16个大版的《一份来自基层的报告》特别报道。与其他报社策划推出的成就综述报道不同，我们的这个特别报道，从人出发、以点带面，通过各个领域基层一线干部群众的鲜活故事，生动展现一年间广东广州牢记嘱托推进改革发展的举措成效，向总书记交出一份特别的、来自基层一线的“报告”。

“报告”的主人公来自各行各业基层一线，有审批局工作人员，有民企老板，有河长，还有为旧楼加装电梯奔走的老街坊，等等。“项目交地即开工，南沙做到了”“轨道上的大湾区，起飞”……这些朴实的讲述、真切的故事，小中见大，反映出的正是广州一年间牢记嘱托推进工作的实践探

习近平总书记作出“四个走在全国前列”重要指示一周年

一份来自基层的报告

《一份来自基层的报告》版面

索。要做到这一点，讲好故事至关重要。为此，特别报道的统筹编辑不厌其烦地沟通督导记者，交稿，退稿，改稿，再交稿，再改稿，有的稿子甚至改了五六遍才过关——为了让报道接地气、冒热气，折腾就折腾吧。

当然，对于这种大题材而言，只有“软”的“点”、故事还是不够的，还是要有“硬”的“面”、数据来支撑，这样才立体、过硬、够分量。于是每个主题在结构上，除了人物讲述之外，我们还进行数据图示，概括提炼广东广州在相关领域的发展成就。这样，16个版16个主题，就用大白话、硬数字组合成一份鲜活翔实的学习“答卷”。

一场“大学习”，轰轰烈烈，学思践悟。广州日报2019年全国两会报道不仅营造了“大学习”的浓郁氛围，也取得了“大学习”的传播实效。《一份来自基层的报告》《街坊两会》《学习笔记》《学习金句》《牢记嘱托 湾区追梦》等七件作品获得中央宣传部阅评表扬，这个数字不但创造了广州日报过往全国两会报道的新纪录，在全国地方媒体来说也是不多见的。

/ 专题范文 /

特别报道：

2019年3月7日9版见报——

习近平总书记作出“四个走在全国前列”重要指示一周年

一份来自基层的报告

越是壮阔的航程，越需要领航的力量。越是奔跑的队伍，越需要看齐的口令。

2018年3月7日，习近平总书记亲临十三届全国人大一次会议广东代表团审议，提出广东要在构建推动经济高质量发展体制机制、建设现代化经济体系、形成全面开放新格局、营造共建共治共享社会治理格局上走在全国前列，当好“两个重要窗口”。

一年来，奔跑的广州豪情满怀，沿着习近平总书记指引的道路，向着奋力实现“四个走在全国前列”的目标，昂扬进发，一往无前！

2018年10月下旬，在庆祝改革开放40周年的关键时刻，习近平总书记亲临广东视察，提出深化改革开放、推动高质量发展、提高发展平衡性和协调性、加强党的领导和党的建设四个方面重要要求，强调广州要实现老城市新活力，在综合城市功能、城市文化综合实力、现代服务业、现代化国际化营商环境方面出新出彩。

深情厚爱、殷殷重托，照亮了前方的路，坚定着必胜的心。推动广州实现老城市新活力、“四个出新出彩”，我们正用双手创造广州更加美好的明天！

从2018年3月7日到2019年3月7日。365个日夜改革创新，365个日夜真抓实干，365个日夜奋发进取！

一年来，广州深入学习宣传贯彻习近平新时代中国特色社会主义思想和习近平总书记重要讲话精神，不断深化“大学习、深调研、真落实”工作，全面系统学，及时跟进学，深入思考学，联系实际学，持续推动学习贯彻往深里走、往实里抓。

闻鸡起舞，日夜兼程。一年来，广州深入贯彻落实中央和省委决策部署，努力实现老城市新活力和“四个出新出彩”，推动国家中心城市建设全面上新水平，着力建设国际大都市，在全省实现“四个走在全国前列”、当好“两个重要窗口”中勇当排头兵。

向总书记报告：
把改革开放的旗帜举得更高更稳

习近平总书记强调：“广东要弘扬敢闯敢试、敢为人先的改革精神，立足自身优势，创造更多经验，把改革开放的旗帜举得更高更稳。”

浪奔浪流，40年改革开放如大潮奔涌、滔滔不休。改革开放只有进行时，没有完成时。这一点，广州再清楚不过。从打响“价格闯关”第一枪到诞生全国首批个体户，从率先开办“三资”企业到落成首家五星级宾馆……逢山开路、遇水架桥，广州40年改革开放进程，正是在跋山涉水中，走过千山万水；在“改革不停顿、开放不止步”中，将改革开放进行到底。把改革开放的旗帜举得更高更稳，仍然是做好广州一切工作的重要法宝和关键一招。

敢啃硬骨头、敢于涉险滩。改革就是一场自我革命，改的是体制机制，动的是既得利益。越是人到半山、船至中流，越是要鼓起勇气、激发锐气。从破解制约广州实现高质量发展的体制机制障碍着手，广州制定并出台涵盖16个领域的60项具有创新性、突破性的改革举措。以改革开放的眼光看待改革开放，“广州改革60条”从时代性、体系性、全局性问题出发，刀刃向内、拳拳到肉，为把改革开放推向更高起点、更高层次、更高目标打桩筑基。

向总书记报告：
经济高质量发展体制机制立梁架柱

习近平总书记强调：“构建推动经济高质量发展的体制机制是一个系统工程，要通盘考虑、着眼长远，突出重点、抓住关键。”

一年来，广州锐意改革、狠抓落实。全面推进体制机制创新，提高资源配置效率效能，推动资源向优质企业和产品集中，推动创新要素自由流动和聚集，使创新成为高质量发展的强大动能，以优质的制度供给、服务供给、要素供给和完备的市场体系，增强发展环境的吸引力和竞争力。

不久前，南沙自贸区的一家军民融合装备研发生产基地刚刚破土动工。而那时，距离这家企业办齐土地出让手续，仅仅过去了一个周末。“交地即开工”“不浪费一个工作日”的办事速度，见证了南沙自贸区增创营商环境新优势的努力。如今，行政审批事项有了“人工智能+机器人”帮手，云缴税平台让企业“来了就办，一次搞掂”，“一窗集成”“一网通办”等创新模式把“最多跑一次”落到实处。短短一年时间，南沙自贸区新增改革创新成果已达105项之多，其中33项创新型、引领型改革在全国全省得到推广。

时代是出卷人，我们是答卷人。一年来，广州以深化营商环境综合改革为抓手，破立并举、多管齐下，相继出台《广州市营商环境综合改革试点实施方案》《广州市优化营商环境专项行动计划》等一系列政策举措。

夯土筑台、立梁架柱，经济高质量发展体制机制日臻完善，迈向更高台阶。

向总书记报告：
建设现代化经济体系勇探新路

习近平总书记强调：“建设现代化经济体系，事关我们能否引领世界科技革命和产业变革潮流、赢得国际竞争的主动，事关我们能否顺利实现‘两个一百年’奋斗目标。”

因发展而盛、因人才而旺、因创新而兴，广州深入落实“三个第一”理念，抓住了建设现代化经济体系从何破题的关键问题。当新发展新业态新科技纷至沓来，千年商都就能激荡起最豪迈壮丽的时代气象。

“一条生产线上，随意切换七种车型，生产一辆车最快只需要51秒”，这样的场景，每天都在广州明珞汽车装备有限公司的车间中反复上演。以人工智能技术为核心方向，这家企业在工业机器人研发应用上实现多项突破。创新是竞争中的“先手棋”。看得更高、想得更远、做得更前，才能在创新发展中收获丰硕果实。

一年来，谋创新、抓创新，创新创业在广州，是这座城市创新氛围的生动写照。瞄准战略性新兴产业、先进制造业和现代服务业等前沿领域，一批大项目好项目纷纷上马；从基础教育到专业服务业，从科研人才到创业团队，广州在高端人才引进上频频出招；全力以赴为中小企业创新发展铺路架桥，广州以国家科技型中小企业备案入库8377家的成绩，稳居全国第一。创新领军企业顶天立地、中小企业铺天盖地的势头，助力广州在越来越多的新业态新科技中，从跟跑、并跑转向领跑。

向总书记报告：紧抓大湾区大机遇推动全面开放

习近平总书记强调：“要以更宽广的视野、更高的目标要求、更有力的举措推动全面开放，加快发展更高层次的开放型经济，加快培育贸易新业态新模式，积极参与‘一带一路’建设，加强创新能力开放合作。要抓住建设粤港澳大湾区重大机遇，携手港澳加快推进相关工作，打造国际一流湾区和世界级城市群。”

开放推动改革，开放促进发展，开放带来繁荣。加快形成全面开放新格局，谋的是长远，看的是未来，为的是发展活力的源源不竭。粤港澳大湾区建设是习近平总书记亲自谋划、亲自部署、亲自推动的国家战略。这是新时代推动形成全面开放新格局的新尝试。这是广州着力建设国际大都市，推动实现老城市新活力和“四个出新出彩”的总抓手。

大湾区是大手笔，更是大未来。大湾区是大机遇，更是大文章。广州牢牢扭住粤港澳大湾区建设这个“纲”，以更宽广的视野、更高的目标要求、更有力的举措推动全面开放；勇担粤港澳大湾区区域发展核心引擎的重任，充分发挥国家中心城市和综合性门户城市引领作用，着力建设国际大都市；推进“广州—深圳—香港—澳门”科技创新走廊建设，为把粤港澳大湾区建设成全球科技创新高地和新兴产业重要策源地，贡献广州智慧。

开放的广州，正以更加饱满的精神状态、更强劲的综合实力，走向世界、搏击未来。

向总书记报告：
共建共治共享让幸福升级

习近平总书记强调："要形成有效的社会治理、良好的社会秩序，促进社会公平正义，让人民群众安居乐业，获得感、幸福感、安全感更加充实、更有保障、更可持续。"

民生所盼，心之所系。人民对美好生活的向往，就是我们的奋斗目标。不久前，广州荣登十大"美好生活城市"榜单。优质的城乡环境、暖心的民生实事、强大的综合城市功能、共建共治共享的社会治理格局……美好生活并不空泛，就在一项又一项具体工作当中；美好生活并不缥缈，都需要用心用情，奋力化愿景为现实。社会治理人人参与、人人尽力、人人共享，一座城市的出新出彩便有了最深沉而持久的力量。

一年来，全市上下较真碰硬，交出2018年治理违法建设3600万平方米的成绩单；落实"四洗""五清"，整治"散乱污"，35条黑臭河涌基本消除黑臭，112条黑臭河涌水质持续改善；共治议事会等一大批好经验在全市推广，共建共治共享的理念融入城市的肌体血脉；突出地方特色，不搞大拆大建，持续用好微改造这种"绣花"功夫。城市留下记忆，人们记住乡愁，云山珠水焕发无穷魅力。

向总书记报告：
各级党组织锻造得更加坚强有力

习近平总书记强调："要认真落实新时代党的建设总要求，努力把各级党组织锻造得更加坚强有力，从各级领导干部做起，从一件件小事抓起，坚决防止不良风气反弹回潮，不断巩固和拓展落实中央八项规定精神成果。"

求木之长者，必固其根本。坚持和完善党的领导，坚持把党建设得更加坚强有力，是新时代广州发展的根本所在、命脉所在。让党的旗帜在每一个基层阵地高高飘扬，必须一以贯之，毫不动摇。

一年来，广州深入贯彻落实习近平总书记重要讲话精神，聚精会神抓党建，一级做给一级看，一级带着一级干，努力把各级党组织锻造得更加坚强有力。先后制定出台《广州市加强党的基层组织建设三年行动计划（2018—2020年）》和全面加强城市基层党建工作的“1+4”文件，统筹推进各领域党建工作；坚持以基层党建引领基层治理，进一步把资源、服务、管理放到基层；积极推动支部进社区、进楼宇，打通党建工作“最后一公里”。

走正道，开新局。党对一切工作的领导是我们从胜利走向新的胜利的根本保证。常抓不懈、狠抓不怠，奔跑的广州方能蹄疾步稳、行稳致远。

365个日夜，广州牢记嘱托，逐梦前行。

365个日夜，又只是刚刚开始的一段序章，接续着新的奋斗。

向总书记报告，向人民交卷！

站在新起点上，广州更将以勇气为桨、创新为帆，写就老城市新活力的出彩华章！

（作者 / 广言）

03

看，来自改革一线的《排头兵报告》

广东是改革开放的排头兵、先行地、实验区。近年来，习近平总书记对广东工作作出一系列重要讲话和指示批示，从“三个定位，两个率先”，到“四个走在全国前列”，再到“四个方面工作要求”，无不饱含着总书记对广东这片改革热土的重托。如何学习贯彻好习近平总书记对广东、广州系列重要讲话和指示批示精神，如何宣传报道好广东、广州牢记总书记嘱托推进改革发展实践探索，从来都是广州日报中心工作报道的“指南针”。然而，大学习、深调研、真落实不是靠喊喊口号、发发通稿就能完成的，要达到好的传播效果，必须立足高标准、高质量，坚持接地气、冒热气，努力推出有思想、有温度、有品质的作品。《排头兵报告》全媒体系列专栏，就是广州日报努力推动中心工作报道实现高质量发展的一个代表探索。

2018年3月全国两会期间，习近平总书记参加广东代表团审议，对广东作出“四个走在全国前列”的重要指示。得改革开放风气之先的广州，怎么闯、怎么试、怎么干？从那时起，广州日报就在思考开设一个新的栏目，要真正将总书记的重要指示和广州的鲜活实践紧密结合起来，真实展现这片改革开放热土基层一线的实践探索。在报社主要领导策划下，2018年8月20日，《排头兵报告——广州贯彻落实“四个走在全国前列”新实践》专栏正式推出。

打造配得上“排头兵”的高质量报道

何谓“排头兵报告”？顾名思义，“排头兵”首先指的是那些在广州改革发展一线取得实际突破的先进地区、先进单位和先进人物，但这些方方面面的改革突破，又何尝不代表着广州这个改革开放的排头兵的探索实践呢？所以“排头兵”一语双关，展现的是广州贯彻落实重要指示推进改革发展的实践探索。

再看“报告”，既有总结、汇报的含义，我们要挖掘和呈现广州各区各局实践探索的成效进展，又隐含有报告文学的用意，怎么把基层的案例写活、把一线的思考写深，是一篇大文章。

所以，光从名字上来看，《排头兵报告》被寄予了厚望。那么怎么达成目标？

我们首先在栏目定位上进行了明确：《排头兵报告》要挖掘区局实践，凸显工作亮点，聚焦放大案例，剖析提升经验，通过“各区各局实践‘四个走在全国前列’典型案例+基层思考+专家点评”的形式，小切口、大角度，深层次透视一个个鲜活案例，高站位提升一个个基层思考，借此全景式展示广州沿着总书记指引的道路奋勇前进的实践探索。

我们接着在生产机制上进行了强化：《排头兵报告》涉及报社多个采访部门，我们充分发挥“中心工作室”的策划组织功能，统筹报社采编资源，进行跨部门的选题策划和采访组织。编辑部还专设栏目统筹编辑，制定工作规程，全程跟进选题，从策划、采访、写稿到包装、制作，实现全流程把控质量。

广州日报
沿着总书记指引的道路奋勇前进
排头兵报告
从化区南平村探索建立村企合作模式
有钱出钱 有地出地
村企联姻 小镇新生
案例聚焦
村：百亩果园三个空心村使用权入股
企：投资入股负责设计建设运营管理
基层思考
一个“综管办”整合村和企
专家点评
一对一合作 明晰责与利
中心工作室出品

《排头兵报告》栏目版面

具体来说，为了保证《排头兵报告》栏目的每一篇报道都能配得上“排头兵”这三个字，我们努力做到三个“严”：

第一个是严控选题，求“尖”，不广泛撒网。我们严格卡住栏目选题，要求必须是广州改革发展一线真正取得实际突破的最新案例，在全市全省乃至全国都有示范意义，避免出现老套的、虚假的“排头兵”自坏招牌。像开发区营商环境改革加速度、从化马场创新粤港澳大湾

《排头兵报告》栏目版面

区规则新探索、南沙“时间银行”、花都“一元钱看病”、荔湾“民间河长”、天河微小型幼儿园、白云查毒“快递小哥”、番禺“福利院临时家庭”等，都是有突破、有干货、有实效的基层实践探索。

第二个是严控写法，求“实”，不一味叫好。我们不让栏目变成“成就黑板报”，杜绝千人一面讲经验、浮光掠影说成绩，在呈现改革亮点的同时坚持问题导向、裨益改革探索。在栏目设置上，除了《案例聚焦》之外，还设置了《基层思考》和《专家点评》两个子栏目。《基层思考》要求一线探索者必须实实在在说真话，不能一味讲经验、说成绩，而是要深入讲述实践探索路上的思考、行动、难点、痛点，以及解决路径和下一步打算。《专家点评》则要求专家针对案例提出实实在在的意见和建议。对《基层思考》和《专家点评》，我们要求被采访对象真人出镜的同时，还要求记者尽量使用第一人称行文，为的就是能够“讲出实在话，摈弃口水话”。

第三个是严控质量，求“严”，不降低标准。耗时费力投入高质量稿件写作，个别记者一开始很不适应，因此有的稿子改上五六次是“家常便饭”。经常有记者对统筹编辑说：“《排头兵报告》太难写了！不仅采访量太大，而且对文本要求太高！”

高质量的中心工作报道是有市场的

事实证明，高质量的中心工作报道是有价值的，也是有市场的。

从2018年8月20日开栏至2019年年底，《排头兵报告》总共推出了71期报道。尽管每一篇稿件、每一个版面的打磨都可谓费尽心思，但经过一年多的潜心经营，《排头兵报告》逐渐成为广州日报与各区局委办部门加强合作的品牌。跑线记者普遍反映栏目在区局委办形成了一定的影响力，很多单位都想要上栏目。

也正是因为策划准、要求高、把关严，《排头兵报告》通过“解剖麻雀”手法挖掘出的基层探索经验，真正做到了服务基层一线。如2019年4月以来，栏目围绕当年广州市改革创新经验复制推广清单，推出针对“聚焦学前教育系列之微小型幼儿园”“五元早教课”“白云快递小哥”“出租屋协同共治第三方代管”等相关主题的深度报道。像以“天河区探索微小型幼儿园建设”为主题的报道见报后，先后有几个区教育部门表示拟就复制该经验展开可行性调研，探索因地制宜办好学前教育。

特别需要提到的是，融媒体时代的中心工作报道也不再只是一篇稿件、一个版面，而是一个聚合了多元传播手段的立体化产品。在《排头兵报告》的策划编辑过程中，主创团队还紧密结合题材本身，强化融媒体策划，发力“新闻+服务”。2019年6月，在第32个“6•26国际禁毒日”当天，《排头兵报告》在报纸版面策划推出“白云区创新物流寄递行业管控机制全国推广”实践经验的同时，还和中共广州白云区委宣传部、白云区禁毒办联合推出《快递小哥破冰行动》H5互动小游戏，让公众协助快递小哥完成“破冰行动”。栏目统筹编辑和报社美术编辑通力合作，设计诙谐有趣、互动性强的文案和呈现形式，在生动活泼的查毒小游戏中向公众普及毒品知识，倡导健康生活，润物细无声地达到禁毒宣传的目的。为了吸引读者用户参加，在白云区有关部门的赞助下，通过在广州日报微信号推出并进行答题抽红包活动，一个下午就为广州日报官方微信号增粉近万个。

躬身一线，久久为功。《排头兵报告》运作一年半来取得了良好的传播效果，在服务基层一线、分享实践经验方面获得了区局委办的认可。2019年3月两会期间，广州日报在《排头兵报告》基础上策划推出《一份来自基层的报告》，获得中宣部阅评表扬；2019年4月，“广州科创系列”获得广东省委宣传部阅评表扬；“聚焦学前教育系列之微小型幼儿园”“五元早教课”“白云快递小哥”“出租屋协同共治第三方代管”等相关主题的深度报道获省宣阅评和广州市委改革办肯定。据不完全统计，超过10篇报道登上学习强国平台。

专栏不仅在报纸重点包装，还在广州日报客户端、广州日报官方微信及官方微博等平台以图文、视频、H5等形式立体呈现、全媒体传播。像上文提到的《快递小哥破冰行动》H5互动小游戏，在广州日报报网端全平台的总点击量超过百万。

/ 专题范文 /

《排头兵报告》专栏：
2019年5月4日6版见报——

先行先试探索规则对接　世界级马场落户从化青山绿水间

马蹄哒哒　畅行穗港

4月20日，“绿水青山论坛·从化大会”在从化区良口镇生态设计小镇举行。同样是在这片绿水青山之地，3月末，来自中国香港赛马会的46匹骏马来到生态设计小镇旁的从化世界级马场“放马天地间”，近1700名观众现场观看了一场马术盛宴。这是继2010年广州亚运会之后内地举行的首场纯演示性速度马术比赛，也是香港马会首次将世界级速度马术比赛引入内地。

从化马场是香港赛马会投入37亿港元升级而成的中国内地首个达到世界最高标准的纯血马匹训练中心及马场，也是粤港合作的重大项目之一。这座世界级马场的建成，让从化的乡村振兴抓住粤港澳大湾区建设的重大机遇迎来了高端业态的参与。马场与周边高端民宿、生态设计小镇等高端业态相结合，带动了当地就业、旅游和马产业链上下游的融合发展，为乡村振兴提供了新的发展模式。

案例聚焦——
九成员工当地招聘　产业延至周边村庄

近日，记者来到位于从化区良口镇的从化马场。从马匹日常生活的马房、训练的跑道，到内地唯一一家世界级马匹医院，以及严格的生物安全措施，这里的“运动健儿”们生活在山水田园间“五星级的家”。

马匹们一天的训练从早上6时就开始了。为了训练其爆发力，马场在草地跑道和泥地跑道的基础上，又在对面山上增加了一条长达1100米的登山跑道，跑道以1.54%的幅度持续向上提升，而马匹一般都能在1分钟之内完成这项挑战。

“香港赛马会的马匹一直安置在沙田马场并接受训练。近20年来，香港赛马会一直努力地寻找额外土地，以增建设施辅助沙田马场的马匹训练运作。”从化马场工作人员告诉记者，从化马场占地150公顷，是香港沙田马场占地面积的两倍，前身是广州2010年亚运会马术项目场地。2011年11月，香港赛马会投入37亿港元进行改建，在原场地的基础上兴建了多项马匹训练设施，包括登山跑道、马匹游泳池、放草休养区及内地首间世界级马匹医院，这也是目前内地首个达到世界最高标准的纯血马匹训练中心及马场。

培训专业技能涵盖多个工种

在一则从化马场的招聘启事上，记者注意到，从化马场主要面向从化本地招聘的岗位包括冷藏车维修工程师、高级合规事务主任、设施管理主任、体能教练、药房技术员、马匹康复助理等，普通员工年薪在5万元至20万元不等，管理层员工更高，财务经理年薪可达60万元。

据了解，目前从化马场的运营由香港赛马会全面负责，马场中的员工有超过500名在从化当地招聘，占总数的90%。香港赛马会相关负责人告诉记者：“前来投简历的人很多，但由于马场对员工的学历、工作经验、技术资格等方面有着较为严格的要求，因此目前能够被正式录用的是相对少数。”

该负责人表示，香港赛马会经验丰富，有国际认可的课程用来培训马房助理、骑马人、助理练马师和兽医等，目前马会授予从化马场员工的专业知识和技能涵盖了各项工种，包括马匹护理、骑术和有关马匹训练的策骑指示、兽医学，以及钉甲等。未来还会拓展到所有的赛马专业范畴，为内地培育更多世界级的马术相关专业人员，有助全国马术运动持续发展。

饲料本地供应盘活闲置土地

不仅如此，从化马场马匹吃的部分饲料由从化本地供应，与马相关的产业链也随之延伸至距离从化马场25公里的从化吕田镇安山村。在那里，广州市从化食品企业有限公司种植基地的员工们每日负责将包括300斤的秕草、燕麦草和200斤胡萝卜在内的共计500斤新鲜草料经过挑选、清洗、切割、包扎，供应至从化马场。

目前，该企业在安山村租下了400亩的土地，将村里的闲置土地资源盘活了起来，还带动了村民就业致富。“我们相信，随着马产业的发展，以后草料的需求量会增多，我们需要的土地和工人也会不断增多。”企业负责人说。

记者注意到，从化马场所在的流溪温泉度假区不仅环境优美如画，还分布着从都国际会议中心、世界生态设计大会永久会址、米埗高端民宿群、新温泉风景区等高端业态。2019年3月23日，内地首场纯演示性速度马术比赛吸引了近1700名观众现场观看，带火了周边区域的旅游、餐饮等行业发展。

未来马场计划对公众开放

从化马场相关负责人表示，《粤港澳大湾区发展规划纲要》为大湾区发展马匹运动提供了清晰的路线图。在此框架下，香港赛马会希望与内地加强在马匹、饲草饲料、兽药、生物制品等进出境检验检疫和通关方面的合作，让马匹运动及马匹产业更加持续与系统地发展。未来，从化马场计划对公众开放，参观者可以通过访客中心了解赛马发展历史，通过参观通道、观景台参观马房。

从化区有关负责人表示，接下来将策划组织一系列国家级甚至国际级马术表演、竞赛活动，推动马术培训、马术旅游等涉马产业的发展，主动加强与相关产业龙头企业及行业协会的项目投资合作，争取落户一批现代马业重点项目。

基层思考——
20多个部门搭建安全通道
马儿穗港两地间“自由行”

（从化海关驻马场办事处主任王彭军、从化区农业农村部门负责人、从化区马术活动领导小组办公室负责人）

在马场为从化带来新业态与经济增长点的背后，是穗港两地抢抓粤港澳大湾区发展机遇、实现规则对接的先行先试。

海关：“一次审批、多次往返”

为实现粤港两地在马匹运输、交通、海关检验检疫等方面的高效、顺利对接，广州海关创新“马匹跨境运输监管模式”，与农业农村部等部门在欧盟和世界动物卫生组织认可下，开辟了一条香港沙田马场与从化马场之间的“生物安全通道”，让马匹往返两地实现了“自由行”。为此，内地及香港超过20个政府部门参与到了马场的发展及各项审批工作中。

从化马场距离香港约200公里，马匹从香港到广州从化的跨境运输大约需要四个小时，为确保马匹可以定期往来沙田与从化，两地专门制定了“马匹跨境运输监管模式”。2018年8月，广州海关印发了《关于促进从化马场业务发展的工作方案》。在通关作业方面，突破性地实施“一次审批、多次往返”的检疫审批制度，积极推进“进口直通、出口直放”的赛马通关模式，先试先行“暂时进口、全时隔离”的动物隔离检疫方式，让马匹在粤港两地间频繁“自由行”。

“过去7—8小时的通关运输时长被压缩到了4—5小时。”从化海关驻马场办事处主任王彭军表示。同时，海关还专门开发了“粤港赛马电子监管系统”，对两地运输实施实时点对点监控。运用自动化技术创新查验手段，实现了行进车辆的自动消毒和赛马体温的智能监测，促进查验的“无感”化，将每批次进口马匹现场检疫查验时长缩短至30分钟。

王彭军说，目前，广州海关正联合地方政府、香港赛马会推动建设国际马匹检测中心（广州），开展马病、马饲料、生物制品、违禁药物、兽药等的检测；积极与香港渔护署沟通协作，共享马病诊断技术的最新进展、有关技术规范和标准等，并在生物安全框架内探索建设马产业综合保税区。

检疫：马匹不必隔离45天

除了通关大提速，“广东省从化无规定马属动物疫病区”（下称“从化无疫区”）也为马匹每次往返两地的检验检疫开辟了“快速通道”。从化区农业农村部门相关负责人表示，以往根据规定，马匹从香港进入内地，必须经过45天的隔离检疫，检疫合格后才能进入。为方便马匹往返两地，经两地牵头部门共同努力，从化无疫区全力配合，国家农业农村部出台规定，明确“只有香港马会管理范围内的马属动物卫生状况和广东省从化无疫区卫生状况基本等效”。这就意味着，香港马会管理范围内的马属动物可不须经过45天的隔离检疫直接输入到从化区。

“这个政策将香港至广州从化凡是在无疫区范围内的地方看作是‘一个区域’，香港赛马会马匹的检验检疫在这个区域内的标准是通行的。”该负责人说。自马场试运行以来，农业部门和海关部门多次主动沟通、衔接协调。特别是2017年5月，广东省农业厅和广东出入境检验检疫局召开协调会，达成共同支持马场项目、尊重各自法定职责、建立联络机制、落实简政放权和建立联合工作模式五项共识。

沟通：单线联络员专门对接解决难题

“眼看着这块曾经的荒芜之地发展成世界级马场，给整个从化区特别是流溪温泉度假区带来了翻天覆地的变化。”从化区马术活动领导小组办公室（下称“马术办”）有关负责人感叹。其表示，作为从化马场与香港赛马会之间最基层的协调部门，马术办负责统筹、协调、跟踪从化区的马术活动。但由于香港赛马会与从化马术办在系统流程、工作方式、理念上的不同，不可避免地会产生交流上的困难。因此，专门解决沟通难题的“马术办单线联络员”应运而生。“单线联络员”由香港赛马会与从化马术办分别选出一名工作人员担任。“联络员负责单线联系，及时组织收集双方的议题和需求。这种一对一的方法很清晰，且及时高效。”该负责人表示，截至目前，从化马术办已与香港赛马会召开联席协调会议40次。

专家点评——
以规则对接推动产业协同
以产业协同拉动规则对接

（黄松：华南农业大学教授）

黄松表示，穗港两地通过规则对接和产业衔接，在从化引入纯演示性赛马活动，拓展了当地的产业形态。同时，与周边高端民宿、生态设计小镇等高端业态相结合，带动当地就业、旅游、马产业链上下游的融合发展，以此实现当地乡村产业振兴和产业升级的示范引领作用，为乡村振兴提供了新的发展模式。

针对有关部门推出的“马匹跨境运输监管模式”和“一次审批、多次往返”的检疫审批制度、“暂时进口、全时隔离”的动物隔离检疫方式等多项创新之举，黄松认为：“这种管理制度上的突破创新之举，不仅开拓了粤港两地马匹跨境运输管理的新局面，同时也为粤港澳大湾区建设探索出了一条在尊重各自法规的基础上构建协同机制的可行路径，最终实现以规则对接推动产业协同、以产业协同拉动规则对接的良性互动生态。”

在黄松看来，粤港澳大湾区的“产业协同发展”是发挥粤、港、澳三地产业的比较区位优势、实现产业链深度融合、提升产业综合竞争力的创新举措；而“规则对接”则是实现产业协同发展的内在需求和必然选择。

黄松认为，珠三角九市具有良好的产业生态，港澳地区服务行业发达，经济互补性强。从化马术办与香港赛马会通过深度合作实现合作共赢，充分凸显了实现粤港澳深度合作的现实可能性和巨大的发展潜力。其在合作模式创新、沟通机制创新、资源充分利用方面的宝贵经验，对于创新珠三角九市与港澳地区的深度产业合作与交流起到了良好的示范作用。

同时他也指出，在未来的发展过程中，从化区还须进一步探索如何通过探索性的“点”的合作，拓展到系统化的“面”的合作，如何构建和完善粤港合作机制，如何培育和壮大新兴产业，以及如何在产业、资源、教育、人才和科技等方面实现充分融合。

（作者 / 广州日报全媒体记者赵方圆）

04

一根红线贯穿全年的『三姊妹篇』

《一份来自基层的报告》《一组来自南粤的信简》《一张来自广州的答卷》是2019年广州日报先后推出的三组特别报道。这三组报道紧紧围绕学习贯彻习近平总书记对广东广州工作重要讲话和指示批示精神这根红线，既前后延续、相互呼应，又各抓节点、各有特点，形成延续全年的独具特色的主题宣传“三姊妹篇”。

事实上，围绕这一重大主题，广东和广州的主流媒体整个2019年都在进行重点报道，推出了一系列典型报道、成就综述、评论述评等，成效显著。广州日报的“三姊妹篇”之所以能够在诸多报道中形成自己的特色，主要是在以下方面进行了尝试——

一个是抢抓节点。《一份来自基层的报告》在习近平总书记下广东团一周年之际推出，《一组来自南粤的信简》在新中国成立70周年之际推出，《一张来自广州的答卷》在习近平总书记视察广东一周年之际推出，分别抓住了全年的三个重要节点。俗话说：“好钢要使在刀刃上。”在重大节点重点策划重要报道，能够起到事半功倍的效果。

一个是创新形式。三组报道努力争取不落俗套，分别采取报告、信简、答卷的形式，探索创新重大主题宣传报道的形式，能够在众多报道中独树一帜。

一个是扎根基层。三组报道都坚持以人带事、以小见大，通过基层干部群众的工作实践，展现广东广州改革发展的探索和成就，让报道更加贴近、更加真实。正是这些基层干部群众在各自平凡岗位上踏实进取、改革创新的感人故事，凝结成新鲜热辣、生动直观的一份份报告、一组组信简、一张张答卷。

《一份来自基层的报告》

《一份来自基层的报告》作为广州日报2019年全国两会重点打造的拳头

《一份来自基层的报告》版面

产品，在3月7日——习近平总书记参加十三届全国人大一次会议广东代表团审议并对广东提出“四个走在全国前列”重要指示一周年的日子推出。16大版特别报道，以“报告”的形式进行包装，通过各个领域一线干部群众的鲜活实践，展现一年间广东广州牢记总书记嘱托扎实推进改革发展的举措成效，在这个特殊日子里交出了一份沉甸甸的一线“报告”。

《一份来自基层的报告》中最贵“基层”二字，着力追求的正是那些“泥土味”“露水珠”。毕竟，来自一线基层的声音才是最真实的，也是最打动人的！事实上，在总书记作出指示一周年之际，广东广州的主流媒体都策划推出重点报道。广州日报之所以能够另辟蹊径，就是聚焦在了基层、瞄准了“人”，按照广东省委“1+1+9”工作部署的大逻辑，精选各行各业具有代表性的基层干部群众，讲述自己一年内来的实践探索、所思所得。这些人中，有广州地铁集团董事长，有全省首个粤菜师傅工作室负责人，有审批局工作人员，有民企老板，有基层河长，也有为旧楼加装电梯奔走的老街坊，他们的奋斗故事正是对总书记重要指示精神的最好践行。“项目交地即开工，南沙做到了”“轨道上的大湾区，起飞！”“荔枝湾涌又见鱼翔浅底”……这些质朴的讲述，真实反映了一年间广东广州推进工作的努力。

除了以人带事，特别报道还注重以点带面。每个主题以生动形象的图示化设计，提纲挈领、深入浅出地呈现广东广州在各相关领域一年间的发展成就，同时配以两个版的图片和一个版的“大事记”，共同组成一份鲜活翔实、图文并茂的“报告”。

《一组来自南粤的信简》

《一组来自南粤的信简》则是在2019年9月27日，新中国成立70周年前夕推出。作为广州日报国庆系列报道的重磅策划，这次特别报道采取了“信简”形式——十八大以来习近平总书记接见过的11位广东基层干部群众用给祖国写信的形式，讲述他们在各自岗位上奋斗的故事。12个大版，11个人，

星期五
2019年9月27日
广州
新中国成立70周年 总书记接见过的广东干部群众发出一组信简
祖国，请听我们深情告白
广州日报
一组来自南粤的信简
信简目录
01

星期五
2019年9月27日
广州
写信人：港珠澳大桥管理局总工程师苏权科
一年过桥逾千万人
用大桥：争取更多有利通行措施落地
推广大桥：积累经验服务大湾区
管大桥：三年后或将首期实现智能管理
广东喜报
广州日报
一组来自南粤的信简
02

《一组来自南粤的信简》版面

11封信，用特殊的方式为新中国70岁生日献上深情告白。

11位广东基层干部群众中，有用十年寒暑铸成国之重器的港珠澳大桥管理局总工程师苏权科；有坚持科技创新和推动大湾区青年企业家培养的迈普再生医学科技股份有限公司创始人袁玉宇；有守护城市记忆、传承传统文化的粤剧艺术博物馆馆长马楠；也有致力于改变家乡贫穷面貌的“网红支书”清远英德连樟村党总支书记陆飞红。作为港珠澳大桥管理局总工程师，苏权科“诉说”的是：“大桥开通了，我的使命还没有完成。我们要重新踏上征途，继续把桥管好，用好，维护好这座国之重器，同时进行更多技术创新。”

除了讲述奋斗故事，特别报道还梳理了广东广州十八大以来在对外开放、创新创业、优化营商环境、环境治理、扶贫攻坚等相关领域的成就数据，设计成“广东喜报”，全景式展现十八大以来广东广州改革发展的新成就，契合了国庆报道的主题。

在形式上，编辑结合“信简”创意，将邮戳、信纸等元素融入到版面之中，力求简洁大方、素雅精致。同时将每个人物的个人感悟、奋斗金句用第一人称提炼出来，通过手写字体与信纸结合的形式呈现于纸上。

《一张来自广州的答卷》

“三姊妹篇”的收官之作《一张来自广州的答卷》于2019年10月24日，总书记视察广州一周年之际重磅推出。之所以设计成“答卷”，契合的是“时代是出卷人，我们是答卷人，人民是阅卷人”的主题。

正是在一年前的2018年10月24日，习近平总书记在广东视察时来到广州，深入永庆坊、暨南大学和广州明珞汽车装备有限公司等地进行调研，明确要求广州实现老城市新活力、做到“四个出新出彩”。因此，8个大版的《一张来自广州的答卷》特别报道立足广州，以广州市委“1+1+4”工作举措为逻辑框架，结合《粤港澳大湾区发展规划纲要》对广州的核心引擎定位，设置了“党的建设”“改革开放”“综合城市功能”“文化实力”“现代服务业”“营商环境”“湾区引擎”等专题，表现广州奋力实现老城市新活力的举措。

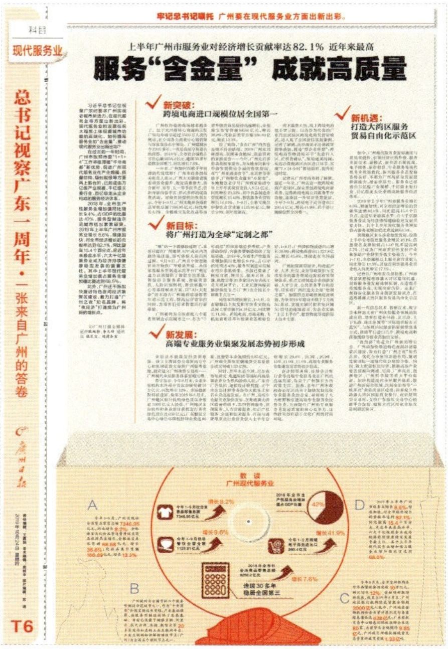

《一张来自广州的答卷》版面

内容上，既然是答卷，就得求新求实，角度也要既广且深。在执行过程中，策划统筹编辑要求记者抓住一年间广州的新变化写出真举措，亮出实做法。如党建专题关注广州构建“令行禁止、有呼必应”基层党建工作格局，文化实力专题侧重永庆坊成“网红”和岭南文化“走出去”，营商环境专题关注一年来三次出台文件推动出新出彩等。

形式上，特别报道从封面到内版都被设计为答卷形式，从整体的文件袋、答卷纸的版面背景，到科目名称、密封线、红色对勾、字母标识等细节元素，加之版面上方配以总书记对广东广州的嘱托批语，一纸答卷的形象呼之欲出。对各领域一年来的改革亮点和关键数据，编辑在版面下方进行图示化处理，图示区直观易读、风格统一、视觉突出，大大提升了这份高分答卷的“颜值”和“含金量”。

凭借贯穿全年、通盘考虑、系列策划、创新形式、基层叙事、全媒呈现，广州日报“三姊妹篇”特别报道取得了良好的传播效果。如《一份来自基层的报告》全媒体产品在2019年全国两会期间推出后，获得中宣部阅评表扬，并获得2019年广东新闻奖通讯和深度报道类一等奖。《一组来自南粤的信简》特辑短视频和H5长卷在广州日报微信、微博、新闻客户端上线不到两天总阅读量突破25万。《一张来自广州的答卷》获得省委宣传部阅评表扬。这种针对重大主题进行预先谋划、整体设计的做法，相信随着媒体融合发展的不断深化，会越来越显示出它的必要性和重要性。

/ 专题范文 /

《一张来自广州的答卷》特别报道：

2019年10月24日T1版见报——

党的十九大后习近平总书记视察广东一周年

广州奋力实现老城市新活力、“四个出新出彩”

新时代　新活力　新答卷

时间的刻度，记录着前进的足迹；重要的节点，是我们工作的坐标。

2018年10月24日，习近平总书记在视察广东期间来到广州，深入街道社区、文化场所、高等院校、生产企业实地调研。串串脚印，步步情牵。

在视察广东重要讲话中，习近平总书记要求广州实现老城市新活力，在综合城市功能、城市文化综合实力、现代服务业、现代化国际化营商环境方面出新出彩。

殷殷重托，绵绵厚望。老城市的前行之路，豁然开朗。

从2018年10月24日，到2019年10月24日，365个日夜苦干实干，365个日夜奋勇争先。全市上下以学习贯彻习近平总书记视察广东重要讲话精神为强大动力，往深处学、往实里做，向难中进、向高处攀，以扎扎实实的成效向习近平总书记、向党中央交出一张合格答卷。

这张答卷记录新气象——以党的建设凝聚磅礴力量

习近平总书记在视察广东重要讲话中，对广东提出四个方面的工作要求，加强党的领导和党的建设位列其中。

办好中国的事情，关键在党，关键在人。实现老城市新活力，每一项工作，每一个任务，归根结底都要落实到人上。一个人的精神面貌，关乎形象气度；一座城市的精神风貌，事关兴衰荣辱。

如何激发新气象、激活大能量？全面加强党的领导和党的建设，这是实现老城市新活力的根本政治保证。

一年来，广州持续推动学习贯彻往深里走、往实里抓。“大学习、深调研、真落实”工作深入推进，“不忘初心、牢记使命”主题教育扎实开展，学习贯彻不断向镇街、社区和农村延伸，一场主题为“抢抓大机遇，焕发新活力”的大讨论席卷全城……广州坚定不移把学习贯彻习近平总书记重要讲话精神引向深入，全市上下统一思想，凝心聚力，焕发奋斗热情，奏响实干强音。

一年来，广州把各级党组织锻造得更加坚强有力。广州深入落实加强党的基层组织建设三年行动计划，出台全面加强城市基层党建工作的“1+4”文件，着力构建“令行禁止、有呼必应”基层党建工作格局，推动各级党组织管党治党全面进步全面过硬。

在天河，一条条黑臭河涌经过整治重获新生，其背后离不开各级党组织的孜孜努力；在白云，违建治理势如破竹，党建在其中发挥着不可忽视的作用……从加快营商环境改革到“攻城拔寨”重点项目开花结果，从旧楼加装电梯到全面推进垃圾分类，全市上下激荡起昂扬奋发的崭新气象。

“求木之长者，必固其根本。”以高质量党建为引领，实现老城市新活力就有了取之不竭、生生不息的深层动力。

这张答卷聚焦再出发——
把改革开放的旗帜举得更高更稳

习近平总书记明确要求，广东要弘扬敢闯敢试、敢为人先的改革精神，立足自身优势，创造更多经验，把改革开放的旗帜举得更高更稳。

当前，广州正处于大有可为的历史机遇期，但也正处在滚石上山、爬坡过坎的紧要关口。往前方看，前景壮阔，风光无限；往脚下看，每一步前行，都须劈波斩浪、越障排险。全面深化改革开放，这是实现老城市新活力的根本路径、关键一招。

深化改革开放，不是伸手去摘低垂的果实，甚至也不是“跳起来摘桃子”，而必须加速助跑、奋力起跳。其间，必有沟沟坎坎，必有重重阻碍，必有风险挑战，怎么办？

广州以实际行动给出答案：放开胆子去想，迈开步子去干。

一年来，广州更敢闯。

“战以勇为主，以气为决。”广州继续弘扬“杀出一条血路”的开拓精神，在谋划推动改革上力度大，魄力足，刀刃向内，拳拳到肉。仅今年，广州已推出11个领域209项改革举措、16项创造型引领型改革项目、22项基层改革创新项目。广州“科创十二条”，进一步为科技创新扫清障碍；营商环境2.0改革在精简事项、压缩环节等各方面堪称大刀阔斧……不“吝惜”牙齿，敢啃最硬的骨头。一项项实打实的举措为经济高质量发展打通堵点、积蓄动能，让群众更有获得感。

一年来，广州更开放。

粤港澳大湾区建设是广东改革开放的大机遇、大文章。广州紧紧扭住粤港澳大湾区建设这个“纲”，以更宽广的视野、更高的目标要求、更有力的举措推动全面开放。中新广州知识城上升为国家级双边合作项目，香港科技大学广州校区正式动工，港澳青年创新创业基地多处开花……牢牢把握“一带一路”、粤港澳大湾区建设和支持深圳建设中国特色社会主义先行示范区的重大历史机遇，广州正以更加昂扬的姿态，拥抱世界，搏击未来。

“志行万里者，不中道而辍足。”新时代改革开放再出发，广州迈出铿锵脚步，风雨无阻。

这张答卷展现大突破——
推动广州在四个方面出新出彩

永庆坊内，城市记忆更浓郁，岭南乡愁再“升温”；暨南大学里，“把学校办得更好”带动全校师生奋进；在广州开发区，“中小企业能办大事”激励民营企业苦练内功，投身自主创新……

珠江恒流，广州恒新。一年来，广州这座有着2230多年建城史的老城市，总是让人耳目一新：城市发展有新格局，城市运行有新机制，经济发展有新动力，城乡面貌有新提升，人民生活有新改善……在广州这片沃土上，每时每刻都发生着新变化，而“四个出新出彩”无疑是最集中、最重要的体现。

总书记视察广东一周年·一张来自广州的答卷
党的十九大后习近平总书记视察广东一周年
广州奋力实现老城市新活力、“四个出新出彩”
新时代 新活力 新答卷
答卷目录
述评 1
基层“主心骨”专盯老大难 2
改革一年间 企业增两成 3
优质生活圈 活力大都市 4
永庆坊二期 后年将建成 5
服务“含金量” 成就高质量 6
投资首选地 最佳发展地 7
湾区主引擎 带出加速度 8
T1

《一张来自广州的答卷》版面

一年来，广州在综合城市功能上出新出彩。

大城市要有大城市的样子。广州充分发掘特大城市经济规模、创新带动、人才集聚等方面的优势和集中力量办大事的能力，推动城市能级和核心竞争力持续提升。科技创新能力持续增强——粤芯12英寸晶圆项目让广州“缺芯”成为历史，全球第一款自动驾驶载人飞行器从广州“走”出国门，广州与中科院共建的综合性国家科学中心重锤落地，“三城一区十三节点”的空间布局加快形成……广州正深度融入全球创新网络，在建设科技创新强市的跑道上跨越赶超。

门户枢纽能级进一步提升——广州港与珠江西岸港口整合取得实质进展，今年白云机场年旅客吞吐量预计将超7000万人次，广州地铁7号线西延顺德、18号线连接中山……一年来，广州深入实施“枢纽+”战略，魄力更足，决心更大，加速向国际性综合交通枢纽的目标进发。

城乡面貌持续改善——广州正向最后的黑臭水体发起“总攻”，广州今年将再拆除违法建设4000万平方米以上，“三旧改造”散乱污企业被坚决整治……较真碰硬，不遗余力。广州扎实推进城市更新九项重点工作，推动广州焕发云山珠水、吉祥花城的无穷魅力。

一年来，广州在城市文化综合实力上出新出彩。

文化是城市的根和魂，是决定城市未来发展的根本所在。在广州，永庆坊等历史文化街区成为崭新名片，“不忘初心、红色之旅”旅游线路备受追捧，粤剧《初心》《梁启超》，舞剧《醒•狮》等文艺精品引来如潮好评，

“广州时刻”在一个个国际高端会议中惊艳出场……文化底蕴深厚的广州，正从文化大市向文化强市稳步跃升。

一年来，广州在现代服务业上出新出彩。

“总部经济”在各区井喷落户，港澳会计、法律、咨询等专业服务业在广州开花；今年前三季度服务业增加值增长7.9%，法律、人力资源服务等重点行业营业收入涨幅超过两成，跨境电商进口规模领跑全国……现代服务业涨势强劲、节节攀升，将成为驱动广州经济增长的强大引擎。

一年来，广州在现代化国际化营商环境上出新出彩。

优化营商环境就是解放生产力，就是提升竞争力。一年来，广州坚持对标最高最好最优，不断发力，持续加码，推动营商环境改革取得实质性突破。“马上办、网上办、就近办、一次办”全面推行，获得电力最快可实现“零审批、零成本、零跑动”，在南沙开办企业最快十分钟领证……广州正奋力打造全球企业投资首选地和最佳发展地，为实现老城市新活力提供强力支撑。

时光飞逝，奋斗留痕。

365个日夜，已成过往。这张来自广州的答卷，又开启新的篇章。

新起点，路犹长。广州将始终沿着习近平总书记指引的方向奋勇前进，牢记嘱托，不负使命，实干为桨，乘风破浪！

（作者／广言）

05

发起一场『坐言起行大讨论』

“围绕中心、服务大局”是党的新闻舆论工作职责使命48字方针中的重要两句。事实上，围绕中央和地方党委、政府的中心工作开展宣传报道，是党媒的必然任务，也是日常工作，这一点翻翻每天的党报就明白。关键是，党媒怎么发挥作用，或者说怎么才能发挥好作用，则始终是一项有待破解的大课题。那些文件式的宣传、灌输式的手法、成就类的重复……仍然很多，“铺天盖地”。问题是这不但起不到好的效果，更有可能适得其反，不但削弱了党媒影响力和公信力，更有可能给党委、政府的中心工作“减分”“添乱”。所以，总书记特别强调，要“通过理念、内容、形式、方法、手段等创新，使正面宣传质量和水平有一个明显提高”。

这里我们就说说围绕广州“抢抓大机遇，焕发新活力”重大工作部署而推出的“坐言起行大讨论”。

2018年10月，习近平总书记在广东视察时明确要求广州要实现老城市新活力。2019年2月，《粤港澳大湾区发展规划纲要》印发。作为大湾区核心城市之一的广州提出“抢抓大机遇，焕发新活力”，要求举全市之力抢抓历史大机遇，为广州这座老城市注入不竭的新活力。面对市委这一重大工作部署，迅速展开宣传报道、凝聚全市共识、推动工作开展，成为市委机关报广州日报的重大任务。怎么宣传？策划推出一组回顾成就、展望蓝图的综述报道，采访部门介绍工作，采访专家解读政策，采访项目展现成绩？这些当然很重要、很全面，也很有意义，但仍然感觉“中规中矩”。作为市委机关报，在这场关乎广州未来前途命运的行动计划中，还能起到什么作用？

既然是“抢抓大机遇，焕发新活力”，大机遇究竟如何抢？新活力到底从何来？事实上，市委主要领导同志在有关会议上多次要求全市领导干部牢牢把握老城市的“优势在哪里”，清醒认识老城市的“问题在哪里”，深入思考老城市新活力“新在哪里、活力体现在哪里、活力怎么来”这几个问题。市委宣传部领导也要求就此组织讨论。那么，作为思想舆论主阵地，何不干脆发起一场全市上下参与的大讨论，集聚智慧、凝聚共识、汇聚力量，从而更好推动“抢抓大机遇，焕发新活力”落实落细？

在报社领导指挥下，策划方案迅速拿出：紧紧扣住中央精神和市委思路，一是动用专家智库，邀请国内顶级专家切实结合广州几大发展命题深入充分探讨、实事求是建言；二是发动政府部门，采访实务单位的干部群众结合工作实际反映意见建议，从而形成上下结合、虚实搭配的广泛充分的大讨论。

但光有坐而论道、浮在半空中的大讨论还不行，我们的目的不是“营造氛围”而已，更要落到推动工作的实效上来。为了凸显这个立场，我们的大讨论决定定名为“坐言起行大讨论”，大讨论不但要“坐而言”，更要“起而行”！

大讨论：一篇大述评成为发酵的“引子”

大讨论以一篇大述评拉开大幕。这篇由报社评论员执笔、署名“广言”的《奋进的城市出新出彩》，连续抛出尖锐之问：抢抓大机遇，焕发新活力，“机”在何方？“老”在何处？“活”在哪里？“新”从何来？与此同时，《广州日报》头版则以编者按的形式正式发起大讨论，邀请全社会共同参与讨论。

抢抓大机遇 焕发新活力 坐言起行大讨论 圆桌会④ 7
把握机遇 扬长补短 聚力突破
让创新成为高质量发展第一动力
【新机遇】
【新优势】
【新动力】
【新活力】
【新作为】

《坐言起行大讨论》栏目版面

大述评作为“引子”成功发酵，各界参与热情超过预期，话题总阅读量两天之内达到350万。人民网、央视网、光明网、学习强国等央媒和网络平台，广州市社科院等专业机构以及遍布广州140条街道的信息时报微社区E家通第一时间转载，立体化全媒体传播，让大讨论迅速形成声势。

“风”煽起来了，“火”要赶紧点！4月11日、15日、18日、22日，广州日报全媒体各端口一起发力，连续推出跟进报道《来来来　一起激“活”老广州》《快快快　加紧建设大湾区》《比比比　先进做法比出来》《冲冲冲　争相领跑创新路》。在这一连串号召鼓动下，从专家来论到粉丝留言，从部门回应到企业表态，从社区声音到市民热议，机关干部参与进来了，高校专家参与进来了，企业高管参与进来了，网络大V参与进来了，市民读者也参与进来了。讨论持续深入，网络不断发酵，意见交流碰撞，真知灼见迭出……一场全民大讨论实现了先声夺人的初步目标！

圆桌会——顶级专家“自带流量”当嘉宾

暖场过后，大戏登场。《坐言起行大讨论·圆桌会》于4月24日起每周一期推出，每期一个整版。

这里的圆桌会当然是以虚拟形式召开的，每周围绕一个议题，邀请相关领域具有全国影响力的专家学者作为主讲嘉宾，同时选择对广州情况相当了解的研究者、主政者或实际工作者作为对话嘉宾，围绕议题展开发言、形成讨论。既然是“虚拟”，嘉宾并没有真正坐在一起，而是记者分头采访，那自然需要某一种“黏合”形式对嘉宾的发言和观点进行串联整合。为此我们又为圆桌会设置了主持人角色，由资深时政记者担任，负责聚焦议题、串联发言、整合观点，形成一场主题鲜明、各抒己见、你来我往的圆桌会对话。

至于圆桌会议题，则围绕市委思路展开，一共设置了广州定位、门户枢纽、高质量发展、城市规划、科技创新、协同发展、营商环境、对外开放、湾区制度规则衔接、宜居宜业宜游优质生活圈、人文湾区、党建等十多个主题，涵盖了“抢抓大机遇，焕发新活力”的各个要害问题。

或许有的同志会问：专家建言就专家建言嘛，何必费这么大劲搞成圆桌会的形式呢？主要是出于这几方面考虑：一是为了把问题说透。不同专家围绕一个具体议题各抒己见，议题集中、意见充分，更有利于分析问题、推进工作。二是圆桌会的形式更生动、更热烈，也更能引起关注。可以说，没有虚拟圆桌会就没有最终大讨论的效果。当然要想达到这个目的，嘉宾特别是主讲嘉宾的“咖位”非常关键，甚至直接决定了大讨论活动的档次效果。因此要让大讨论谈出水平、谈出影响、谈出流量，当务之急是集各大采编部门之力，邀请到重量级专家学者和业界顶级大咖参与讨论。在报社领导的直接指挥协调下，任务迅速分拆到户，各大采编部门和掌握大量专家资源的北京记者站马上领取任务，分头行动起来。

得益于报社影响力和记者资源积累，各路人马足够给力，不断给统筹编辑送来惊喜：明星学者愿“出镜”了，业界大咖来“站台”了，两院院士能“入围”了！让我们看一看这些自带光环的名字——北京大学新结构经济学研究院院长林毅夫、新加坡国立大学东亚研究所教授郑永年、国家发展改革委原副秘书长范恒山、中国国际经济交流中心首席研究员张燕生、耶鲁大学金融学院教授陈志武、中国对外贸易中心主任李晋奇、中国城市规划设计研究院院长杨保军、文化学者蔡澜、中国工程院院士何镜堂和王迎军……这些“最强大脑”纷纷受邀“上桌”议事，为广州改革发展建言献策。

圆桌会终于热热闹闹开起来了！那一边，主讲嘉宾“接天线”，跳出广州说广州，分析有深度，见解有高度，带流量带热度带影响。这一边，本地嘉宾“接地气”，熟广州懂业务精研究，对广州知根知底却又不是自说自话避嫌护短。“座上宾”和“家里人”围拢一桌，思想活力迸发，碰撞激烈热闹，为广州发展奉献了一场场思想盛宴。

起而行——基层“排头兵”与高端“圆桌会”互为表里

坐言起行，语出《荀子》：“故坐而言之，起而可设，张而可施行。”坐而能言、起而能行、脚踏实地、敢想会干，才是大讨论的初衷。因此除了《坐言起行大讨论•圆桌会》，我们还紧密结合市委市政府中心工作节点，依托品牌栏目《排头兵报告》，定期推出《坐言起行大讨论•起而行》专题报道，聚焦广州推进老城市新活力的新举措、新进展，深入基层、提炼经验，裨益发展、加油鼓劲。

科技创新、营商环境优化和党的建设是广州推进粤港澳大湾区的三个关键。4月下旬，《坐言起行大讨论•起而行》专题先后推出《大湾区“孵出”创新岛》《港校用上广州“超级大脑”》《广州企业“孵”出港校金蛋》三篇报道，既展现广州科创的优势活力，又指出制约合作发展的瓶颈问题，给出对策建议。之后，推出《合伙人里党员多》《村社监察站盯紧“微腐败”》，聚焦会计师行业和白云区村社党建工作。虽然地点从CBD（中央商务区）到村社地头，群体从高级会计师到村社干部，领域从国际化专业审计到基层党建监察，但都通过聚焦基层、解剖麻雀、以点带面，展现广州以党建促发展的实践探索。

《坐言起行大讨论·起而行》每周一期，与《坐言起行大讨论·圆桌会》隔两天推出，两个系列虚实结合、上下呼应、互为表里、合成声势，让“坐而言、起而行”的策划立意更加彰显。

“坐言起行大讨论”历时五个多月，于国庆节前夕圆满收官。其间共举行17场圆桌会，54位专家把脉建言，围绕广州发展热点焦点难点掀起一场场头脑风暴，不但充分发挥了新闻智库精准建言、有效资政的作用，更充分展现了市委机关报主动担当作为、创新服务大局的强大效能。

大讨论多次得到市委主要领导批示和省委宣传部阅评表扬。6月11日，市委主要领导在市委常委会上表扬“坐言起行大讨论”系列报道，要求将专家观点结集成册，作为市委常委会主题教育集中学习的参考资料——大讨论功德圆满！

/ 专题范文 /

《抢抓大机遇　焕发新活力　坐言起行大讨论·圆桌会》专栏：2019年4月10日3版见报——

奋进的城市出新出彩

“周虽旧邦，其命维新。”

新，是一种状态，意味着生机勃发，活力涌动。新，更是一种追求，要求解放思想，敢于革新，永不僵化，永不停滞。

从历史深处行来，站在新中国成立70周年的时间节点，走向新时代的广阔未来，广州，正处于改革发展的关键期。

2018年10月，习近平总书记在视察广东时，要求广州实现老城市新活力，在综合城市功能、城市文化综合实力、现代服务业、现代化国际化营商环境方面出新出彩。日前发布的《粤港澳大湾区发展规划纲要》，进一步明确了广州的定位，为广州发展指明了前进方向。实现老城市新活力，是总书记交给广州的重要政治任务，是广州当前和今后一个时期的头等大事。面对这一重大课题，我们必须思考：为什么要实现新活力？老城市的优势在哪里？问题在哪里？新活力新在何处？活力体现在哪里？活力怎么来？广州在大湾区建设中的目标要求是什么？一连串追问，令人陡然惊醒；一系列反思，催生倒逼动力。

“机”在何方？
大湾区纲举目张，广州等不起慢不得

夜幕降临，从太空俯瞰，环绕珠江口灯火璀璨，粤港澳大湾区连成星河。《粤港澳大湾区发展规划纲要》恰如一根红线，将大湾区7000万人的未来紧紧联系在一起。

一个意义深远的大机遇已然来临，一种积蓄已久的力量逐渐爆发，一个

抢抓大机遇 焕发新活力 坐言起行大讨论 3

奋进的城市出新出彩

抢抓大机遇 焕发新活力 坐言起行大讨论 7

满座高朋来 坐言起行去

十七场圆桌会 五十四位专家建言献策 坐言起行大讨论·圆桌会圆满收官

《坐言起行大讨论》栏目版面

世界级城市群正在崛起。

历史的机遇，再次向广州张开怀抱。《粤港澳大湾区发展规划纲要》提出，以香港、澳门、广州、深圳四大中心城市作为区域发展的核心引擎。这是国家大战略赋予广州的重大使命。

江阔好行船，风起速扬帆。广州清醒认识到，粤港澳大湾区建设为城市发展提供了重大机遇，也提出了更高要求。只有焕发新活力，才能发挥区域发展核心引擎功能，展现广州的定位、担当和作用。

抢抓大机遇，焕发新活力，是使命所系。

进入新时代，广州承担更大责任，肩负更高使命。在全省实现“四个走在全国前列”、当好“两个重要窗口”中勇当排头兵，这是一份沉甸甸的政治责任。省委要求广州扎实推动国家中心城市建设全面上新水平、着力建设国际大都市，这是对广州更高的定位和期许。实现老城市新活力，既要立足广州发展广州，又要跳出广州发展广州，在服务全国全省发展大局中发挥更大作用，更好代表国家参与全球合作与竞争。

在我国的城市体系中，广州遇到的问题，具有代表性，广州的尝试和探索，具有借鉴意义。紧扣老城市和超大城市发展的特点和规律，让老城市持续焕发新活力，这是广州承载的期许，亦是广州的时代使命。

抢抓大机遇，焕发新活力，亦是发展所需。

“苟日新，日日新，又日新。”广州，自古以来就是一座敢闯敢试、以新取胜的城市。早在农业经济时代，广州就没有受缚于农耕文明，而是向海而生，演绎着对外贸易的传奇。改革开放以来，广州抢抓机遇，一步步先行先试，一次次开拓进取，勇立于时代潮头……求新求变、与时俱进，这是历史的启示，更是广州发展的重要经验。

当前，广州发展正处于滚石上山、爬坡过坎的紧要关口。放眼世界，全球城市竞争空前激烈。环顾国内，前有标兵，后有追兵，广州先发优势遇到挑战。一篙松劲，则退千寻；乘势而上，才能不断超越。实现新活力，这是广州城市发展的内在需要，并且已经到了不能等一等、慢一慢的时候。

“老”在何处？
两千年栉风沐雨，广州凭何保持优势

城市的老与新，不是电极的正与负、战场的矛与盾，而是你中有我、我中有你，循环往复、生生不息。

没有昨天的厚积，哪有今天的薄发？两千多年建城史，广州的活力所系、底蕴所藏，也是前行的力量所在。

君不见，西关骑楼下不起眼的士多，狭窄的青石板路小巷里的甜品店，珠江边粤韵悠扬、自得其乐的私伙局，十三行络绎不绝的人流……这些是城市老的一面，这样的“老”却有着历经沧桑后的淡然从容，有着生生不息的烟火气，有着别样的岭南风情，向人们诉说着一个个古老而独特的广州故事。这些，何尝不是生猛广州再出发的力量之源？

老，意味着深厚的历史底蕴。时光从来不会亏待一座城市，文化积淀是其无私的馈赠。作为国家历史文化名城，广州是海上丝绸之路发祥地、近现代中国革命策源地、岭南文化中心地、改革开放前沿地，百越楚庭，汉唐明珠，一贯海纳百川、领风气之先。作为全球唯一千年不衰的商贸名城，中西文化在这里交流、碰撞、融合。古迹众多，遗产丰厚，粤剧、广绣、广彩等非物质文化遗产享誉世界。迎春花市是年俗，也是广州的文化名片。辉煌厚重的历史文化积淀，既是老城市的荣光，也是宝贵的资源，更是支撑城市赓续前行的重要软实力。

老，意味着雄厚的综合实力。城市有了成长的时间，也有了花开的空间。全球权威世界城市研究机构GaWC发布的2018年世界级城市名册中，广州在世界一线城市中排名第27位。全球城市的竞争，从来不是“单项技能”的角逐，而是“多项全能”的比拼。这也是广州雄厚综合实力的最佳证明。广州经济总量长期居全国城市前列，产业结构完备，也是华南地区工业门类最齐全的城市；改革开放先行一步，市场发育比较充分，市场化程度也较高；基础设施完善，枢纽地位突出；毗邻港澳，集聚辐射能力强大；广州地区集中了全省2/3的普通高校、70%的科技人员、97%的国家重点学科、77%的自然科学与技术开发机构，以及绝大部分国家重点实验室……这些是广州创新发展的实力支撑。

老，意味着优雅的城市气质。千年沧海桑田、风雨洗礼，历经过和平、繁华，也遭受过战乱、窳败，在中西文化的碰撞交流中，形成了海纳百川、包容开放的独特气质，广州可以坦然接受一切的“不合常理”“不走寻常路”。很多人觉得广州是一座说不清的城市，它似乎什么都有，什么都能容得下。开放与多元，成为广州笑看风云、保持活力的秘诀所在。开放的城市，可以兼容并蓄为我所用；多元的城市，可以更好地满足人们多元需求。城市发展也有了更多可能。

“壮心与身退，老病随年侵。”老有老的境界，老也有老的局限，老城市也不例外。

一是机能退化，城市机体的不少“零部件”需要修补保养，有的甚至要大修。随着人口与城市功能的增多，广州也和国内外大城市一样，面临着城市管理欠账多、城市更新任务重、传统产业待升级、城市环境须优化等问题。二是思想僵化，人们容易陷入惯性思维、路径依赖，因过去的成绩沾沾自喜，躺在历史的“功劳簿”上裹足不前，习惯待在舒适区，习惯于跟跑，不想并跑，更不愿意领跑。三是知识老化，信息时代一日千里，创新发展是时代主题。有的部门和干部老办法不管用，新办法不会用，学习与创新意识不足，跟不上时代发展，解决不了城市发展中的新情况新问题。

必须防止“又老又旧，不新不活”，否则一切蓝图都是空中楼阁，又谈何抓住机遇、激发活力？

“活”在哪里？
四十年领潮争先，广州能否“生猛”如昨

活力是一座城市的精神面貌，更是城市赖以发展的基石。沿着时间轴线，去观察一座城市的起伏兴衰，其实不难为这句论断找到诸多例证。

四十年改革开放的实践证明，每每在城市发展的关键时刻，老城市迸发出的新活力，都给广州综合实力带来跃升。四十年领潮争先的广州故事，正是老城市新活力这篇大文章的生动注脚。

从率先打响城市经济体制改革“第一枪”，到第一批个体户应运而生；从率先开办“三资”企业，到第一个劳务集市开锣；从全国首家五星级宾馆落成，到首家超级市场开业……四十年筚路蓝缕，广州一次次打破纪录，也一次次创造历史，在“改革不停顿，开放不止步”的跋山涉水中，走出了一条向改革要动力、向改革要活力、向改革要生产力的康庄大道。

船到中流浪更急，人到半山路更陡。我们深知，将改革开放进行到底，仍然是广州在更高起点、更高层次、更高目标上接续奋斗、出新出彩的关键一招。越是艰险越向前，在这个非进不可、不进则退的关头，广州必须冲急流、过险滩，一往无前。

活，在创新动力。当前，广州在科技创新能力、创新龙头企业数量、科研成果转化等方面还存在着一些不足。仅以全社会研发投入（R&D）这一项数据来看，全市R&D经费支出占比仅2.5%左右，与北京、上海等地差距明显，一些核心技术、关键零部件、重大装备仍然受制于人。

活，在产业升级。实现高质量发展，产业转型是关键。高技术制造业和新兴产业比重不高，高端服务业偏弱……广州要有紧迫感，在建设现代化经济体系上补齐短板，多想办法，多下苦功。

活，在破解“大城市病”。大城市有大的样子，也有大的难处。发展愈迅速，也就愈发能体会城市建设管理的欠账。社会治理创新跟不上发展需要，违建治理任务繁重，还有交通拥堵、垃圾围城等“大城市病”亟待有效破解。

活，在推进绿色发展。这几年，广州城乡环境持续优化，“广州蓝”一次次刷屏朋友圈，美丽乡村建设卓有成效。然而，坚决打赢黑臭水体剿灭战、大气污染治理攻坚战、净土保卫战，把绿色发展推向深入，广州还有许多块硬骨头必须啃下。

清醒认识当下问题，是为找到激发活力的新抓手。在这一轮抢抓机遇的比拼中，广州优势有之，短板有之，底蕴有之，不足亦有之，这些问题必须在发展中回答，在发展中解决。

新时代改革开放，重整行装再出发，广州仍须保持“杀出一条血路”的胆识和锐气。

“新”从何来？
七十载华诞将至，广州将交怎样答卷

“新故相推，日生不滞。”

时光如潮，滚滚向前。2019年是新中国成立70周年，是全面建成小康社会关键之年。关键之年，当有关键作为，广州要自加压力、勇挑重担，奋力实现老城市新活力，以优异成绩向新中国七十华诞献礼。

知之愈明，则行之愈笃。抢抓大机遇，焕发新活力，我们必须明确：新在哪里？活力体现在哪？

新，在发展格局。格局决定层次，层次决定高度。只有进一步优化城市空间结构，全面增强综合城市功能，才能发挥国家中心城市和综合门户城市引领作用。

新，在运行机制。在城市发展的决定因素之中，运行机制是关键。加快政府职能转变，才能实现城市治理体系和治理能力现代化，方能以“营商环境2.0改革”为新起点，进一步优化现代化国际化营商环境。

新，在发展动能。放眼世界，经济发展向来都是一个动能不断迭代更新

的过程。广州要不断完善现代产业体系，显著提高科技创新能力。

新，在民生改善。以人为本，城市要不断满足人民对美好生活的向往。要实现更高水平的幼有所育、学有所教、劳有所得、病有所医、老有所养、弱有所扶，建设平安广州、幸福广州。

新，在城市面貌。一座城市的老与新，城乡环境是最直观的窗口。只有深化生态文明建设，打好污染防治攻坚战，把城乡环境建设得更干净更整洁更平安更有序，才能焕发云山珠水、吉祥花城的无穷魅力。

新，在精神状态。思想是行动的先导，精神是强大的力量。提振精气神、奋发实干劲，正是广州不断焕发新活力、开创新局面的源头活水。正扎实推进的文化强市建设，必将为广州改革发展凝神聚力、加油鼓劲。

老城市新活力涉及方方面面，“四个出新出彩”是实现老城市新活力最集中、最重要的体现。必须聚焦重点，持续发力，久久为功，善作善成。

新活力，从何而来？

从党的创新理论引领中来。科学理论指引方向，坚定信念凝聚力量。广州必须以习近平新时代中国特色社会主义思想武装头脑、指导实践、推动发展，为实现老城市新活力注入强大真理力量、理论力量、实践力量。

从重大战略机遇中来。“来而不可失者，时也；蹈而不可失者，机也。”粤港澳大湾区建设是广州发展的重大战略机遇，抓住了、用好了，才能不负时代的重任、历史的青睐。增强粤港澳大湾区区域发展核心引擎功能和实现老城市新活力，要相互联系、相互融合、相互促进、相得益彰。

从改革创新中来。“变者，天道也。”变革创新，始终是推动人类社会向前发展的根本动力。纵观广州发展历程，正是得益于敢为人先、敢闯敢试的城市精神，广州才能在经济发展不同阶段走在时代前列；正是凭借求新求变、与时俱进，广州才得以在全球城市体系中不断提升显示度。

从苦干实干中来。创业维艰，奋斗以成。实干才能创业兴业，苦干才能攻坚克难。实现老城市新活力，任务艰巨，使命光荣，且越往前走，越是困难重重。唯有进一步强化担当，以钉钉子精神一锤接着一锤敲、一茬接着一茬干，才能不辱使命，乘势而上。

潮起海天阔，扬帆正当时。在广州中流击水的航船上，没有坐享其成的乘客，没有事不关己的看客——你、我、他，每个人都是划桨者、搏击者。只有喊着同一个号子，朝着同一个方向，同舟共济、弄潮搏击，才能奋力驶向梦想的前方。

如果我是埋头攻关的科研人员，自当积极投身自主创新的主战场，瞄准关键领域、“卡脖子”的地方，潜心钻研、孜孜求索，为广州建设科技创新强市矢志奋斗。

如果我是奋斗在生产一线的工人，自当练就一身真本领，掌握一手好技术，发扬工匠精神，为广州建设先进制造业强市添砖加瓦。

如果我是培根铸魂的文艺工作者，自当坚持以人民为中心的创作导向，走进实践深处，为人民抒写，为人民抒情，为广州建设文化强市尽己绵力。

如果我是为人民服务的党员干部，自当在担当上再强化，实字当头、干字为先，夙夜在公、善作善成，立足自身岗位，奋发有为。

抢抓大机遇，焕发新活力，实现“四个出新出彩”，最终要落实到每一个区、每一个行业、每一个项目、每一个岗位、每一个人身上。

一个人就是一个“活力因子”，千万个“活力因子”奋进奔腾、共同律动，广州就有了勃勃生机、旺盛活力，广州发展就有了坚实基础、不竭动力。

滚石上山，仍须提气；逆水行舟，劲不可松。

大机遇时不我待，老城市其命维新！

（作者 / 广言）

/ 专题范文 /

《抢抓大机遇　焕发新活力　坐言起行大讨论·圆桌会》专栏：2019年5月8日5版见报——

以世界一线城市格局　对标最高最好最优　推动高质量发展

做中国的广州　做世界的广州

主持人：毕征（广州日报夜编中心副主任、中心工作室负责人）

林毅夫：经济学家、北京大学新结构经济学研究院院长

贾康：华夏新供给经济学研究院首席经济学家、财政部财政科学研究所原所长

徐洪才：经济学家、中国政策科学研究会经济政策委员会副主任

陈志武：经济学家、耶鲁大学金融学院教授

《粤港澳大湾区发展规划纲要》（以下简称《规划纲要》）将广州定位为区域发展的核心引擎之一。广州市委书记张硕辅在谈到《规划纲要》时表示，广州必须增强责任感和紧迫感，拿出世界一线城市、国家中心城市的格局和胸怀，展现大湾区中心城市、省会城市的风范和担当，对标最高最好最优，抓重点、补短板、强弱项、固底板，推动广州高质量发展干在实处、走在前列。在粤港澳大湾区建设这一重大历史机遇面前，广州应如何推动高质量发展，实现老城市新活力？

本期圆桌会，我们邀请了经济学家、北京大学新结构经济学研究院院长林毅夫，华夏新供给经济学研究院首席经济学家、财政部财政科学研究所原所长贾康，经济学家、耶鲁大学金融学院教授陈志武，经济学家、中国政策科学研究会经济政策委员会副主任徐洪才一起参与讨论。作为广州的老朋友，林毅夫对广州有很高期许：广州不仅要做广东的广州，更要做中国的广州、世界的广州。

抢抓大湾区绝佳窗口期　实现高质量跨越式发展

主持人：广州市委书记张硕辅在谈到《规划纲要》时表示，将举全市之力扎实推进粤港澳大湾区建设，为把粤港澳大湾区建设成为富有活力和国际竞争力的一流湾区和世界级城市群、打造高质量发展典范发挥广州作用、贡献广州力量。在各位专家看来，《规划纲要》将为广州的高质量发展带来哪些机遇？

林毅夫：粤港澳大湾区是为“一带一路”提供有力支撑的重要平台，是国家战略。广东与“一带一路”沿线国家和地区有着良好的合作基础，是经贸合作极为活跃、开放化程度非常高的省份，同时，广东与“一带一路”沿线国家和地区的合作具有不可替代的区位优势。

粤港澳大湾区是中国最有前途、最开放、最有竞争力的经济体。《规划纲要》为粤港澳发展描绘了蓝图和路径。对香港、澳门、广州、深圳四个城市的定位也呈现差异化，有利于促进四个城市更好协同发展。接下来，各地政府应着重在生产要素自由流通、基础设施互联互通、战略规划对接、城市空间共同开发、生态环境共同治理、破解制约要素流动的体制机制等方面发力，要以市场机制为推力，通过市场配置资源，从而建成充满活力的世界级城市群。

《规划纲要》对广州的定位非常契合广州当前的现实条件，也有利于广州在未来发挥比较优势、增强综合城市功能，实现老城市新活力。《规划纲要》要求广州担负起粤港澳大湾区核心引擎之一的职责，如深化穗港澳合作、加强广深双核驱动等，这是广州的使命所在，也对广州提出了更高要求，要求广州必须进一步增强对周边地区的中心辐射能力，强化综合性门户城市服务功能。换言之，广州不仅要做广东的广州，更要做中国的广州、世界的广州。

同样，如果广州抓住了粤港澳大湾区建设这个“纲”，在贯彻落实《规划纲要》的过程中对标国际一流湾区和世界级创新中心，提升自身科技创新能力，激活各种生产要素，让各种市场资源在大湾区城市群得到更优化的配置，那对于广州实现高质量跨越式发展，推动自身先进制造业与港澳现代服务业融合发展，打造一批世界级先进制造业集群，大力发展战略性新兴产业，推动产业向全球价值链高端攀升，以及提升综合城市功能、城市文化综合实力、现代服务业水平，打造现代化国际化营商环境，增进民生福祉也将是一个极大的促进。

贾康：《规划纲要》是中央着眼全局的制度安排和顶层设计，要求在“9+2”区域形成更清晰的地缘组团。过去有珠三角、泛珠三角的经贸合作，这次区域更加广泛，更加向外，对标的是全球性的湾区。这是什么概念？是要把大湾区建成全球性的经济增长极、创新中心。《规划纲要》赋予了广州新的历史使命，特别是广州推动粤港澳大湾区发展、建设枢纽型网络城市、共建具有全球影响力的国际科技创新中心等一系列重大使命安排。

广州应该抓住当前中央对粤港澳大湾区做出顶层设计的绝佳窗口期，顺应大湾区城市群范围内人流、物流、资金流、信息流等生产要素更加自由流通的大趋势，这种“升级版”的资源流动，对广州打造高质量发展典范，将会是一个巨大的发展机遇。

科教区位优势明显　潜力还未完全发挥

主持人：推动广州高质量发展，要对标最高最好最优，抓重点、补短板、强弱项、固底板。从现实条件看，广州要推动高质量发展干在实处、走在前列，具有哪些优势？

贾康：广州是国家中心城市和门户枢纽，在2018年世界级城市名册中，广州更是成为世界一线城市。广州得改革开放风气之先，是改革开放的前沿阵地和排头兵。广州是千年商都，有很好的产业基础。

广州拥有“顶配”的高校、科研院所，科研实力强劲。比如，共有19家国家重点实验室、213家省重点实验室，分别占全省的70%、69%，多层次实验室体系逐步建立。79所普通高等院校，汇聚了广东全省70%以上的科技人员和95%的博士，加上中新知识城、广州科学城、琶洲互联网创新集聚区、广州大学城、南沙自贸片区等创新载体，广州无疑是华南地区的“创新大脑”。广州连续多年夺得《福布斯》中国大陆最佳商业城市第一名，这说明广州有中国一流的营商环境。

陈志武：首先，广州的国际化和开放程度高。广州在商贸领域更早与国际通行规则接轨，更容易打造高标准、国际化的营商环境。其次，广州的区位优势明显。广州是国家中心城市和门户枢纽，是全国三大综合交通枢纽之一，广州还提出2035年要建成全球交通枢纽，辐射东南亚地区。

徐洪才：我一年就要来十多次广州，这些年城市面貌变化很大，珠江两岸非常漂亮，我非常喜欢这座城市。广州的优势是非常明显的。广州是世界一线城市，最先接触到国际先进的生产要素和国际通行规则，改革开放40年来积累下雄厚的家底和经济实力。广州的区位和交通优势明显，在机制创新方面也有深厚的根基和土壤。在新形势下，广州有条件，也理应走在全国前列。

主持人：在推动高质量发展中，广州还面临哪些短板？

徐洪才：首先，广州的“包袱”重一些，老城区面积比较大，城市建设管理欠账多，要实现城市面貌综合提升难度更大。

其次，科技创新能力不够高。不管是科研经费和R&D经费支出占地区生产总值比重、高新技术企业数量、独角兽企业数量、世界500强企业数量，还是发明专利数量、两院院士数量等，广州都与北京、上海甚至深圳有一定差距。

第三，产业布局不够合理，产业结构调整迫在眉睫。高新技术产业、战略性新兴产业等高附加值产业在经济中的比重还比较低，尤其是金融业欠账比较多，发展水平还比较低，现在还处于迎头追赶阶段。此外，机制体制创新的势头还要加强，过去那种敢为人先、“杀出一条血路”的气魄要继续保持。

主持人：贾教授，您怎么看？

贾康：广州是世界一线城市，这些年广州在创新方面的努力值得肯定，但对比国际最高标准，和其他湾区如纽约湾区、东京湾区相比，创新水平还是有差距的。不管是高新技术企业数量、独角兽企业、上市公司数量还是两院院士数量，以及凝聚高端创新要素的能力，与其他一线城市都存在差距。

其次，广州作为国家中心城市的中心辐射作用没有充分体现出来。广州对周边城市的辐射力和影响力与它的地位是不相匹配的，广州的辐射力更多体现在珠三角区域，对珠三角以外的城市、广东省外的城市乃至东南亚地区，辐射力和资源吸附力还没有充分发挥出来。巨大的人流、物流、资金流、信息流未能有效转化为经济增量和效益。

徐洪才：我补充一点。以交通为例，广州综合交通枢纽功能和布局与国家中心城市的定位和建设国际性综合交通枢纽的要求仍有差距。比如，当前广州白云国际机场国际航点数为87个，与首都国际机场、上海浦东机场、香港国际机场相比偏少。总体感觉就是，广州的潜力还没有完全发挥出来。

增强对周边城市的辐射力　更好融入引领大湾区发展

主持人：广州将把贯彻落实《规划纲要》作为推动广州建设国际大都市，实现老城市新活力、“四个出新出彩”的总抓手。如何用好这一总抓手，各位专家有何见解？

林毅夫：经济发展本身是一个技术不断创新、产业不断升级的过程。反过来，技术创新也会给个人提供发展的机会，比如，由人的创业来推动创新。以前劳动密集型产业是我们的比较优势，现在要向技术、资本密集型的产业去创业、创新，科技的发展也提供了这样一个机会。因为各种新的技术和产业是以高人力资本投入为特点，并且研发周期比较短。而大湾区城市群在这方面的创新有独特的优势，包括人才密集、市场巨大、产业配套能力强，很容易把概念变成新的技术和产品，利用庞大的市场形成国际竞争力。

粤港澳大湾区是中国民营化程度最高、最具创新精神和活力的城市群，广州身处其中。广州是一座开放程度非常高的城市，拥有广州开发区、南沙经济技术开发区、增城经济技术开发区等国家级开发区和南沙自贸区、中新广州知识城等国家层面的战略性平台，是“一带一路”重要枢纽城市和粤港澳大湾区中心城市。

广州是一座拥有商业文明的文化传统的城市，善于抓住新的科技、新的政策以及中国和世界发展提供的新机遇。广州也十分重视人才，企业家是非常关键的，他们具有最强的能动性，是创新的发起者。政府提供良好的环境和政策，企业家抓住机遇，两者相辅相成，造就了广州的持续繁荣。

贾康：广州要焕发新活力，关键在于把中心城市和门户枢纽的作用凸显出来，要显示出大湾区核心引擎的“范儿”。广州的中心城市的作用不仅在于向外拓展发展空间，更在于向内带动其他城市发展。加强区域城市深度合作也是广州推进粤港澳大湾区建设的重要内容，广州提出加快建设广佛同城化合作示范区、广清一体化、打造广佛肇清云韶经济圈等，只有中心辐射能力增强了，各种生产力要素才会向广州聚集。

徐洪才：首先，当前广州需要强化中心城市功能和门户枢纽功能，增强对周边城市的辐射力。实际上，广州在粤港澳大湾区中的优势是十分明显的，完全可以成为珠三角地区最大的辐射源。比如，广州有大量的高校和科研院所，人才密度是粤港澳大湾区城市群最高的，有天然的优势。

其次，要夯实产业基础，推动新旧动能转换。要形成与周边城市分工合作、错位发展的产业发展格局，国家中心城市和省会城市的带动作用要持续增强。广州辐射半径大，可以利用周边城市，形成合理分工、梯度布局、腹地广阔的产业带。比如，在过去一段时间，广州和佛山的深度合作取得了显著进展。自2009年广佛同城化合作框架协议签署以来，两市地区生产总值从当初的1.2万亿元提升到2018年的将近3.3万亿元，广州和佛山的地区生产总值加在一起，超过了上海或北京。广州城区面积大，尤其这些年，通过产业升级和旧城改造，为广州下一步的发展积蓄了足够的动能。与大湾区其他城市相比，广州经济发展的回旋余地更大。

再次，要着眼于营商环境的改善，提升软实力。开放程度高、国际化程度高，广州过去这方面做得不错，广州要将这方面优势进一步强化，继续转变政府职能，建立高效服务型的政府。

主持人：陈教授怎么看广州的新动能？

陈志武：广州要实现老城市新活力，提升综合城市功能，关键在于提升产业水平，实现新旧动能转换。过去，广州的传统支柱产业主要是电子信息制造业、汽车工业与石化业，这三大支柱产业在广州工业总产值中平均占比超过一半。这些年，三大产业虽然仍保持增长态势，但速度已明显放缓，面临市场饱和等瓶颈。

广州近年有一些新尝试，自从广州大力推动“IAB”（指发展新一代信息技术、人工智能、生物医药等战略性新兴产业）计划以来，许多电子信息、人工智能、生物科技领域的世界领头羊公司布局广州，“IAB”产业对广州经济的拉动作用显著。

其次是要补齐短板。广州作为国内一线城市，但金融业却相对滞后，所以广州这些年高度重视金融业的发展。去年全球金融中心指数发布会上发布了第24期全球金融中心指数和第十期中国金融中心指数，广州在全球金融中心指数体系排名第19位。作为在《规划纲要》中被赋予更大使命的广州，理应在这方面有更高目标。

构建高质量发展创新优势　产业结构必须“换挡”升级

主持人：提升综合城市功能、推动高质量发展，某种程度上可以视为实现老城市新活力的途径。在各位专家看来，要实现高质量发展，广州还有哪些发力点和突破口？

贾康：高质量发展就是以结构优化为支撑的发展的升级版，必须进行新旧动能转换，首要的就是要进行产业升级和供给侧结构性改革。要更加注重经济发展效益，大力提升生产效率，推动实现“高质量增长”；更加注重产业结构优化升级，发展壮大新兴产业，优化提升传统产业，推动新旧动能转换接续；更加注重创新驱动发展，在指标上重点提高科技进步对经济增长的贡献率、R&D经费投入比重、PCT（专利合作条约）国际专利申请量等；更加注重优化城市功能品质，对标国际国内一线城市，高标准推进城市管理；更加注重绿色发展等。

陈志武：要实现高质量发展，关键是要实现创新驱动发展。要培育更多更强的创新型企业，打通创新要素资源自由流动的“通道”，引导高端经济要素资源向创新型企业汇聚，激发企业的创新活力，让企业成为创新的主体。激发企业创新能力、提高资源配置效率是实现高质量发展的内部动力。推动资源向自主创新能力强、符合国家产业发展政策的行业或企业集中，引导企业生产出更高质量、更高层次、更高品位的产品。以优质的制度供给增强发展环境的吸引力和竞争力。优化创新生态，最大限度激发创新全过程全链条的创新活力，构建国际创新高地。并持续加大创新投入，以此构建高质量发展的创新优势，从而打造国际创新枢纽。

《广州市建设国际科技产业创新中心三年行动计划（2018—2020年）》已经对这方面作出了部署。比如，提出到2020年末，高新技术企业超过1.2

万家，科技创新企业超过20万家，全市战略性新兴产业增加值达4000亿元，占地区生产总值比重超15%等。未来广州科技创新前景值得期待。

徐洪才：我也认为创新驱动和产业升级是关键。北京、上海、深圳早已将创新产业作为经济发展第一支柱，广州在这方面也要持续加大力度，要通过强力政策来推动。比如广州提出创新产业“七路并进”，具体将着眼未来发展，把新一代信息技术、高端装备制造、绿色低碳、生物医药、数字经济、新材料、海洋经济七大战略新兴产业作为重中之重筹划布局，打造产业发展新支柱。

其次，广州的产业结构必须“换挡”，进行升级。要发展生产型服务业，吸引大量高端人才集聚。没有这些产业，如何说自己是一线城市？一线城市得有一线城市的样子。举个例子，广州的金融、信息、科技等三个高附加值行业占地区生产总值比重不到20%，而北京接近40%。今后，这方面短板必须补起来，可以与大湾区其他城市实现差异化发展，不是说非得和深圳、香港一样要弄个交易所。

主持人：本期“高质量发展”专题圆桌会暂时告一段落，下期我们继续探讨这一话题。感谢四位老师，再会！

（作者／广州日报全媒体记者肖欢欢）

06

在创新大战略下讲好『英雄』小故事

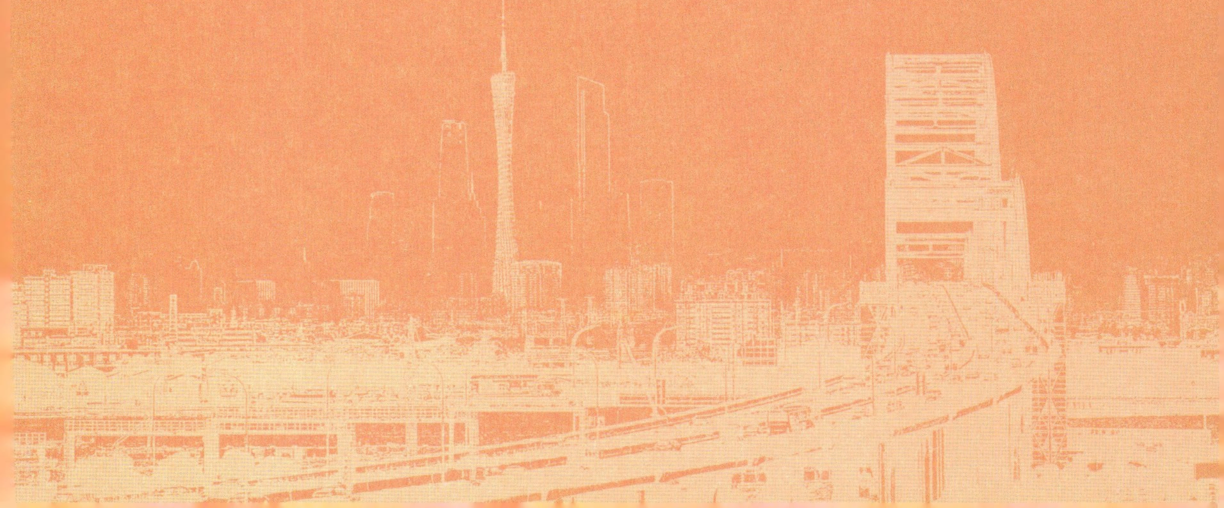

《广州创新英雄》是广州日报从2018年4月开始打造的品牌栏目，以“每一个人都是创新英雄”为主题，挖掘创新人物、讲述创新故事、营造创新氛围、呼唤创新英雄。可以说，这是广州日报努力把国家大战略与人物小故事有机结合的一次尝试。

国家战略和地方政策的宣传报道，自然有很多方法和角度。这次报道要去尝试的，就是努力让国家战略和地方政策离“人”更近一些，将规定条文用“讲故事”的方式解读出来，从而让那些严肃的宏大的刚性的话题不再是“他们的事”，而是“我的事”“我们的事”。

回到《广州创新英雄》。创新驱动发展是国家战略，“创新”是五大发展理念之首。习近平总书记2018年3月7日在参加十三届全国人大一次会议广东团审议时更是强调：“发展是第一要务，人才是第一资源，创新是第一动力。”广东如何贯彻这一重要指示，提出建设国际科技创新枢纽的广州如何激发创新活力、营造创新生态？在这个重大命题面前，党报可以做些什么？2018年4月9日，广州城市形象国际传播年博鳌推介会举行，10位来自人工智能等领域的广州故事讲述者成为活动主角，讲述了在广州奋斗成长的故事。也正是在这次会议期间，上级对宣传创新人物提出了要求。

在报社主要领导策划下，我们马上对这一思路进行了深化，策划《广州创新英雄》栏目。主要思路有两点：一个是“讲故事”，瞄准创新创业风口之上起舞的弄潮儿们，有人有事有情节有冲突，用他们的真实故事打动人鼓舞人；一个是“做服务”，分享创新经验、传播创新政策，让更多的人成为创新英雄，让更多的企业获得启迪。博鳌推介会后刚刚一周，4月16日，以华南理工大学教授、现代食品工程研究中心主任孙大文为主角的创新故事率先刊出，《广州创新英雄》故事每周一期正式开讲。

讲故事：用创新创业的故事激励人呼唤人

既然是“创新英雄”，那么摆在面前的首要问题是人怎么选？我们首先把目标对准了那些拥有独特创新秘笈、在各自领域做出突出贡献的行业翘楚。当然，我们栏目的主旨是“每一个人都是创新英雄”，但首先要“大英雄”“真英雄”振臂一呼，才能呼唤更多的“平民英雄”不是吗？

最终登上我们“英雄榜”的上有：中国工程院院士钟南山、金庆焕、刘人怀、李立浧、杜如虚、罗锡文、姚新生，中国科学院院士陈新滋、唐本忠、陈星旦，欧洲科学院院士孙大文，国家超级计算广州中心主任卢宇彤，广东省人民医院终身主任吴一龙，小鹏汽车联合创始人兼总裁夏珩，广州金域医学检验集团股份有限公司董事长兼首席执行官梁耀铭，广州广电运通金融电子股份有限公司广电智能安全研究院院长梁添才……这些创新英雄中，有埋头于实验室、专注原始创新的科学家，有致力于技术转化、用科技改变生活的工程师，也有手持核心专利、凭借新的商业模式在市场中独占鳌头的企业家。他们的拼搏历程，有故事，有分量，有内涵，有代表性，不但能够折射国家创新战略和广州创新发展之路，而且能够撩动企业、大众特别是青年人的创新创业之梦。

创新英雄会
草根双创成奇兵
热血创新，勇追中国汽车装备梦
学成归来，扎根广州挑战全世界
企业制胜惟创新
学习世界
根植本土
联通中外
创新英雄状

“广州之夜·创新英雄会”版面

广州新视界光电科技有限公司总经理王磊就是一个例子。立志推动自主核心技术产业化应用，博士毕业、年仅28岁的他带着10多名师弟师妹踏上创业旅途。从实验室成果到市场产品，原以为两三年能走完的路，一口气走了七年才等来

“开花结果”，“可弯可折的彩色显示膜”终于打破国外技术垄断，走向产业化。王磊的身上，不正是成千上万不甘于平凡的年轻人的影子吗？令人振奋的事迹之外，让人戚戚同感的故事或许更加动人。

既然是讲故事，那在采写手法和布局谋篇上就不能是科技成果报道，不能是先进人物事迹，要真的讲故事才行。我们要求记者深入企业、院校、研究机构一线，现场贴身采访，听人物心声，刨内幕故事，努力用细腻的文字讲出真实鲜活的创新故事，有人物，有冲突，有细节，有情感。

做服务：用创新经验和政策解读服务更多创新者

除了讲故事，还要做服务。我们注意把创新英雄置身于广州创新发展大背景下，《创新故事》之外设置《创新感言》和《政策科普》两个小栏目。在《创新感言》中，创新英雄或者讲述选择广州干事创业的原因，或者提出创新创业建议，或者提出希望有关部门帮助解决的问题困惑。《政策科普》则为更多创业者提供相关政策配套资讯，让信息量更大、服务性更强。

创新企业是报道的主角之一，它们又是怎么看待栏目的呢？在采访过程中，不少企业向记者表达对栏目的认同，认为用讲故事的方式展现创新创业，能让人真切感受到创新创业的艰辛、喜悦和独特魔力。企业家们更以登上“广州创新英雄榜”为荣。广州慧智微联合创始人郭耀辉说，科技企业一般“低头干实事”，很少甚至不懂对外宣传。特别像他们研发的产品是高性能射频前端芯片，企业也不知道该怎么向市民介绍研发价值。深入浅出的报道，不仅让读者和业界增强了对技术和企业的认知，而且让大家更加了解了拥有自主知识产权的重要性。

《广州创新英雄》更可能成为企业合作交流的平台。通过报道，企业可以寻找合适的上下游企业进行合作，开拓业务发展。比如在人工智能领域，不少企业都在开展相关技术研究，但侧重点各有不同，报道能够让他们看到彼此合作的空间。再如在新一代显示技术领域，我们报道的好几个团队都聚焦可弯可折叠显示屏的技术研发和产业化，分别探索着不同的路径，报道为他们提供了一个交流互鉴的平台。

办活动：用一场“英雄会”提升融媒传播力

《广州创新英雄》在报道层面获得了成功，但它并没有止于报道。如何进一步扩大栏目的影响力和传播力，进一步讲好广州创新故事？一场广州创新英雄会隆重登场。

这里的“隆重”并不是一个夸张的形容词，而是真的“隆重”——2018年11月2日夜，珠江之畔星光熠熠，“广州之夜·创新英雄会”在国际媒体港举行。出席广州黄埔国际论坛的海内外贵宾和《广州创新英雄》栏目报道过的70多位创新英雄济济一堂，围绕“每一个人都是创新英雄”主题，展开TED（技术、娱乐、设计）演讲，举行主题沙龙，通过一场声势浩大、专业精致的融媒活动为创新喝彩、向英雄致敬。

要知道，“广州之夜”既然冠名“广州”，作为广州黄埔国际论坛的重要活动之一，那规格档次的要求就非常高。其实，此前我们计划中的“创新英雄会”并没有奢望如此高规格。我们原本计划在《广州创新英雄》栏目推出50期的时候，邀请相关领导、主管部门和创新英雄一起开个座谈会，进一步扩大栏目影响、营造创新氛围。随着栏目效果越来越好，再加上创新主题本来就是广州中心工作，而且又和黄埔国际论坛主题十分契合，因此上级决定将“创新英雄会”作为“广州之夜”活动，在广州地标位置隆重举行。

广州之夜
老骥犹有鸿鹄志
从八十高龄到“80后”，创新路上不言老
从飞船战机到垃圾处理，院士跨界样样精
每个人都是创新英雄
『广州之夜·创新英雄会』今晚举行
实验室里英雄拼
创意的点子
创意的初心
创意的果实

“广州之夜·创新英雄会”版面

此时距离开幕只剩下两周时间，报社立刻成立策划组织团队，编辑部、美编室、音视频部、集团办和广告公司等各方面力量迅速集结。我们戏称这个团队是“草台班子”，因为大多数同志和负责人基本没有操办这种融媒活动的经验，一切必须从零做起。几个小组迅速分工，有的负责流程编排，有的负责物料设计，有的负责后勤设备，有的负责现场调度……数十人组成的团队逐步磨合，齐心协力加班加点全速推进工作。

更令人感动的是，参加活动的创新英雄代表对活动也表现出极大的重视和支持。在活动彩排环节，本来不需要亲临现场的陈新滋院士专门赶来，熟悉环节、演练程序，这种敬业精神和严谨作风，不正是对《广州创新英雄》品牌的高度认同吗？

11月2日晚上7点，“创新英雄会”开场音乐响起，从“创新英雄榜”发布、颁奖，到创新英雄TED演讲，到“每一个人都是创新英雄”主题沙龙，一切顺利进行，活动大获成功。《广州创新英雄》借助“广州之夜”这个高端平台，通过“创新英雄会”这场融媒活动，影响力和传播力上了一个大台阶。

从2018年4月到2019年10月这一年半时间里，《广州创新英雄》共推出90多篇报道，推出90多个创新英雄故事，栏目被评为2018年度广州市优秀品牌栏目。“继续推出《广州创新英雄》宣传”写入中共广州市委十一届五次全会文件。市委领导多次表扬《广州创新英雄》：“每周一个创新英雄，广州的创新氛围就起来了！”

/ 专题范文 /

《广州创新英雄》专栏：

2018年8月13日2版见报——

不老钟南山　创新排头兵

82岁仍坚守临床一线创新前沿

2003年，67岁的钟南山奋战在抗击“非典”最前线，成为家喻户晓的“抗非典英雄”；71岁那年，他牵头组建呼吸疾病国家重点实验室；81岁时，他作为共同第一作者，在国际权威医学期刊《新英格兰杂志》上发文，为慢阻肺防控寻找新的突破口。

至今，钟南山在国际权威学术期刊上发表SCI论文200余篇，出版各类专著20余部，获发明专利60余项。这些成果让绝大多数人认为他已足够优秀，但在他看来，未能转化造福社会的科研成果还谈不上是真正的“创新”。

他的使命仍未完成——2019年5月，钟南山带领“钟南山产学研团队”携成功实现临床转化的一系列原创性成果集体亮相，踏上创新新征途。

这位创新“老兵”告诉记者：“我很明白我现在不能像年轻人那样去冲锋陷阵，我的任务是调动起年轻人的积极性，去做好产学研的工作。”

今年82岁的钟南山，至今仍坚守在临床一线。每周四下午，钟南山还在广州医科大学附属第一医院呼吸科出诊，一个下午的门诊经常要看到晚上7点多；每周三上午他会出现在病房，带着学生查房、会诊，常常忙到中午12点多。除了门诊、会诊、查房，他在科研和创新方面一直深耕不辍，慢阻肺防治是他专注的方向之一。

不放弃：全场无人应声　他举手接下“硬骨头”

受吸烟、雾霾、烧柴烹调等因素的影响，慢阻肺患者不断增多，多数在早期并没明显症状，但发展到中后期会出现气短、胸闷、喘不上气甚至呼吸困难，最后可引起心血管、骨质疏松等全身性疾病。据世卫组织预测，到2030年慢阻肺将排在死亡原因的第三位，可一直以来国内外都没有慢阻肺早诊早治的尝试。

2009年，在罗马举办的国际慢阻肺大会上，钟南山提出：能不能像高血压、糖尿病那样，对慢阻肺进行早期处理？这一想法得到大会主席的赞成。但当大会主席询问“有没有人准备做”时却没人举手。

“那一幕刺激到我了。”钟南山说。其实，与会专家都知道这块“硬骨头”实在“太难啃”了。不过，当时已经73岁的钟南山却举手应承下来了。

认准了方向，再难也不言放弃——2010年，钟南山找到生产治疗慢阻肺药物的德国制药巨头勃林格殷格翰（下称“勃林格”），说服他们提供药物和资金支持，帮助探索慢阻肺的早期干预。起初，勃林格十分犹豫，因为他们也知道这项工作太难了。钟南山多次到勃林格在中国的医学研发部做工作，还打电话并写信到其德国总部沟通、争取支持。

2011年，勃林格总部终于同意为钟南山团队提供研究用药和400万元资金支持研究项目。接下来，钟南山和冉丕鑫教授以及他们的团队深入基层，寻找潜在的慢阻肺患者，这些人一般没有症状或者症状很不明显。2016年，在对841名患者完成双盲对照实验后，结果出来了：用药组（噻托溴铵吸入）的患者肺功能明显改善。并且首次证明，早期用药可以改变慢阻肺患者每年肺功能下降的自然进程。这一研究结果于去年发表在《新英格兰杂志》上，为慢阻肺的早期防治提出了“战略性的方向”。

慢阻肺发展到中后期，除了病人难受、治疗效果不好，每次住院大概要花两三万元医疗费。“以后，如果能像治疗高血压、糖尿病等一样早期治疗慢阻肺，不但可大大降低费用，治疗效果更加事半功倍。”据钟南山介绍，目前这项工作（包括使用茶碱，含硫氢基的药物）正在国内推广，有望成为国际上慢阻肺治疗新的发展方向。

不放松：给年轻人当好团队“后勤员”

“做科研既要‘顶天’也要‘立地’。‘顶天’就是要抓住国际前沿理念、攻关国家急需的项目；‘立地’就是要能解决老百姓的需求，研发出对

2 在习近平新时代中国特色社会主义思想指引下——新时代新作为新篇章 广州日报

广州创新英雄

不老钟南山 创新排头兵

82岁仍坚守临床一线创新前沿

不放弃：全场无人应声 他举手接下“硬骨头”

不放松：给年轻人“当好团队‘后勤员’”

不停步：破解防止呼吸传染病院内污染难题

从创意到创新 一定要往前走

创新感言

《广州创新英雄》今日推出50期

讲好创新故事

呼唤创新英雄

《广州创新英雄》栏目版面

老百姓有效、安全、价廉、方便的器械和药物。”如何让科研成果“走出实验室”成功落地转化？钟南山带领团队一直在探索——

比如，早在1985年，国外有一种支气管激发试验可用于诊断支气管哮喘，但光是仪器就要几千美元，价格实在太贵了，即使再好，普通患者也用不起。怎么办？通过努力，钟南山团队掌握了这项技术的原理，设计出简化设备，使这项检测的费用下降到只需几百元。

立足临床需求搞科研，在钟南山院士的产学研团队中，这样的例子比比皆是。近年来，他的团队成员邓方阁博士在红外热成像检测方面取得多项专利，科研成果也落地市场化，生产出医用红外热成像仪，就是另一个有力的例证。钟南山指出，我国每年大约有50万人猝死，第一个原因是心脏病，第二个原因是脑出血或梗死，第三个是肺栓塞。肺栓塞大多是由四肢静脉血栓脱落引起肺内大静脉堵塞而猝死。红外热成像仪对血管性疾病高度敏感，通过检测皮肤表面温度，能直观、动态地观测四肢（特别是下肢）血流状态，可应用于肺栓塞的早期筛查、预警、诊断及临床监测，目前已在全国各地多家医院投入临床应用。

“再好的东西，如果没法在社会上广泛应用，就没有走完这个（创新的）过程。”为了让更多科研成果惠及公众，2009年钟南山为呼吸疾病国家重点实验室定下“基础应为临床应用服务，科研应为产业发展服务”的建设和发展思路，并组织团队着手搭建孵化平台，帮助呼研院和国家重点实验室的科研成果走向产业化。

“我很明白我现在不能像年轻人那样去冲锋陷阵，我的任务是调动起年轻人的积极性，去做好产学研的工作。”除了牵头搭好台子，在产学研团队中，钟南山给自己的角色定位是“后勤”和“协调员”，为年轻人服务，给他们机会去创新的舞台上显示自己的才能。

近四年来，钟南山团队产学研工作发展开始进入快车道，目前已成立了多家关联项目公司，涵盖精准医学研究中心、功能营养研究中心、转化服务中心、医疗器械创制中心、医学创新诊断中心、药物创新研究中心六大功能板块，旨在打造华南地区乃至全国的呼吸疾病领域医药产学研一体化标杆。

这也和广州近年的发展步调一致。

近年来，广州大力推进先进制造业和战略性新兴产业建设，实施IAB产业计划。在这一背景下，钟南山领衔的产学研团队立足呼吸医学与大健康产业，打造出一个又一个高精尖项目，有机融入广州乃至广东省的新兴产业建设进程当中。

不停步：破解防止呼吸传染病院内污染难题

在今年5月份举行的一场产学研工作汇报交流会上，钟南山团队多年来的系列研究成果集体亮相，很快将成为实实在在的产品惠及更多人群。

院感防控产品填补国际空白

新发突发重大传染病多为呼吸系统传染病，如何有效隔离被污染的空气、即时消杀净化防止院内感染？这是个世界性难题。在今年5月份举行的钟南山团队产学研工作汇报交流会现场，一批院内感染防控展品——隔离输液椅、隔离诊台、隔离病房和隔离净化病床引人注目。这是以钟南山院士、周荣研究员为核心的院内感染防控技术和产品研发团队近年来聚焦研发获得的突破性进展，这批原创产品基于“有效隔离、即时消杀”的原则，可将病人进行单人有效隔离，将呼出的气体引导和快速净化处理，可很大程度上防止传染。这一系列原创产品获批专利20余项，填补了这一领域的国际空白，成为“广州制造”的亮点之一。

打造10亿级疫苗产业基地

由陈凌、彭涛、周荣等研究员为核心组成的钟南山院士产学研一体化疫苗和抗体药物组团，将与各方通力合作，在广州市及开发区的支持下，在3—5年内投入超过10亿元在广州建设以人用流感病毒疫苗为先导的呼吸系统传染病疫苗和中和抗体药物为特色主打产品的大型生物制品产业基地，填补广州乃至华南地区的空白。

创新感言——
从创意到创新　一定要往前走

我认为，人这一辈子如果有一个创新，你的人生就很有意义。

创新对一个研究者来说，最重要的素质是好奇心和永不知足；对社会来说，创新意味着获得更大的社会效益和经济效益。

现在有不少的高等院校、科研院所对创新的理解停留在在高水平的期刊上发表文章。我并不排斥在高水平杂志发表文章，这能说明同行对你的认

广州日报团队在“广州之夜·创新英雄会”上的合影

可，但是作为一个科技工作者，单纯停留在发高水平文章还是不够的，一定要“往前走”。

高水平的论文只能表明你有创新的观点，如果未能进一步产生一定的社会效益或经济效益，充其量就是一个“创意”而非创新。

所以，我认为创新应包括两个部分：一个是新发明、新发现，另一个是通过新的发明、发现产生比较好的社会效益或经济效益，这个全过程才叫创新。对医疗工作者来说，有了发明、发现以后，必须要进入到临床的实践，要能够对疾病的诊治防控带来好处，能够全面推广，让更多人受益，这才是创新。

链接——

成果丰硕

钟南山近年先后主持国家973、863、“十五”“十一五”“十二五”科技攻关、国家自然科学基金重大项目、WHO/GOLD委员会全球协作课题等重大课题10余项；先后获得包括国家科技进步奖二等奖、教育部科学技术进步奖一等奖、广东省科技进步奖一等奖等国家级、省部级科技奖等奖励20余项。

（作者 / 广州日报全媒体记者翁淑贤　实习生许钰敏　通讯员苏越明）

07

地方媒体重大国际时政题材的『加减法』

主场外交是党的十八大以来我国外交的一大亮点。近年来，G20杭州峰会、“一带一路”国际合作高峰论坛、厦门金砖会晤、博鳌亚洲论坛、世界互联网大会等系列主场外交活动精彩纷呈，世界高度关注，国际媒体云集。对于地方党媒来说，如何做好这一系列重大国际时政题材报道？空间在哪里？优势在哪里？重点在哪里？

2016年9月4日至5日，二十国集团（G20）领导人第十一次峰会在杭州举行，这是中国2016年最大的主场外交活动，也是近年来中国主办的级别最高、规模最大、影响最深远的国际盛会。在这场全球瞩目的重大国际时政题材报道中，大约有70个国家逾千家媒体的5000名记者汇聚杭州同台竞技，引发了空前的新闻大战。

对于一直“追求最出色新闻”的广州日报来说，这一国际盛事当然不能缺席。但作为地方党媒，我们也要清醒地认识到在这场新闻大战中，和中央媒体、当地媒体等新闻同行相比，自身在报道空间、新闻资源等方面的相对不足。比如说，在大会动态、深度挖掘、外事采访等方面，中央媒体投入的力量、渠道的优越、报道的权威，是地方党媒无法比拟的。在这些方面，我们用好新华社通稿足矣，完全没必要花功夫，必须“做减法”。

但这并不意味着地方党媒在重大国际时政题材面前就可以放弃作为、照本转载。地方党媒同样有着自己的相对优势，比如说贴近读者的本地视角、长期积累的独家资源、专业精湛的业务技巧等等，这些必须“做加法”。

具体来说，广州日报的G20杭州峰会报道可以用“三精”概括：精准发力、精巧创意、精致编辑。从这三个“精”中我们能够看出贯穿其间的新闻报道“加减法”。

精准发力：有所为有所不为，但还是要“到现场去”

对于G20峰会这类重大国际时政题材，新华社毫无疑问会24小时滚动播发动态、背景、解读、评论等海量稿件，对于空间有限、资源有限、作为有限的地方党媒来说，似乎确实也“够用”了。但广州日报还是坚持派出了自己的前线团队，特别是充分调动上海记者站采访资源，坚持“有所为有所不为”，精心策划组织基于自身能力、具有自己特色的峰会报道。

一是读者视角，带广州读者走进杭州峰会现场。如《吃饭坐车买东西都能刷手机》，实地体验杭州无币化生活；如《马云叔叔给我一个赞，我还向他招招手》，对话文艺演出一炮走红的8岁女孩母亲……这些报道共同的特点就是“近”，贴近读者兴趣，走近盛会现场，让广州读者与千里之外的杭州“亲近接触”，在高大上的通稿之外为报道增添故事。

二是本地视角，讲述杭州峰会里的广东故事。如《广州名琴　世界炫音》，“起底”G20文艺晚会中演奏名曲《月光》而惊艳世界的珠江·凯撒堡演奏会钢琴的“前世今生”；如《总统心水　广东制造》，揭秘巴西总统买买买，买的皮鞋和机器狗原来都是广东造……这些报道特别注意挖掘杭州峰会中的广东元素，前后连线挖掘峰会背后的故事，让报道更加贴近、更加丰富，也更加有看头。

广州日报 G20 2016 CHINA 西湖印象 A3

G20峰会给杭州带来了什么？外国记者和杭州居民各有感悟：

柔软的城　热情的人

加拿大总理天猫“卖”特产

马云在B20晚宴上演讲：

只有打破壁垒才能不断前进

世界，杭州@你！

全国各地举行活动 纪念抗战胜利71周年

中国站在新的历史起点

习近平会见美国总统奥巴马

《西湖印象》栏目版面

三是专家视角，调动独家智库资源让报道更上档次。如《自贸大旗中国来扛》，专访新加坡中国问题专家、华南理工大学IPP（公共政策研究院）学术委员会主席郑永年；如《全球瞩目中国方案》，专访中国人民大学重阳经济研究院执行院长王文……这些高端专家的真知灼见，彰显了国际化、专业化视野，拓展了报道的维度，提高了报道的高度，增加了报道的深度。

经过G20峰会，我们更加认识到，地方媒体在重大时政主题面前仍不能轻易打消“到现场去”的冲动。就算是在全媒体时代，独家的优质的新闻内容依旧是新闻传播的起点和归宿，也是新闻价值所在。广州日报多年的实践经验证明，“到现场去”是新闻出彩的前提条件。比如，2015年尼泊尔大地震，广州日报派出四名记者冒着余震危险第一时间深入震区，在断壁残垣中拍回大量震撼人心的独家照片，发回大批新鲜热辣的独家内容，引起轰动。这就是“到现场去”的魅力。

精巧创意：外地报纸做出了“西湖十景”

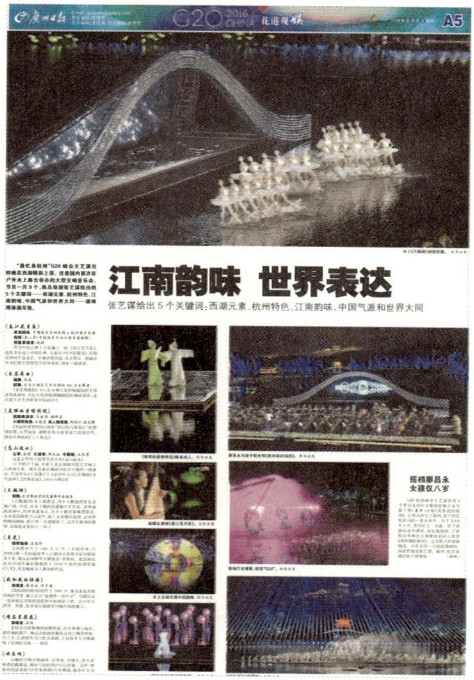

《花港观娱》栏目版面

“加法”不仅体现在精准采访上，更体现在精巧创意和专业包装上。编辑部提前构思，独辟蹊径地利用城市文化品位做起了文章——杭州峰会活动频繁、内容丰富，我们就结合“西湖十景”，运用谐音分别设计了《钱塘潮声》（重要讲话）、《三谈映月》（会场言论）、《评湖秋色》（专家访谈）、《龙井问察》（观察分析）、《西湖印象》（手记花絮）、《曲院风和》（各国会见）等别具一格、巧妙贴切的栏目，让峰会报道的“西湖之风”扑面而来。报道版式上则结合西湖元素进行创意设计，浓妆淡抹总相宜，使整体报道呈现出清新脱俗的格调。有网友留言道：“一家外地报纸居然做出了西湖味道！”

像G20峰会这种新闻大战，创意创新、实现差异化特色化，让读者在千篇一律的信息重复中耳目一新，是地方媒体的突破口。在2016年的另一件大事——纪念长征胜利80周年宣传报道中，广州日报同样立足差异化特色化，注重创意创新。2016年10月21日，纪念长征胜利80周年大会召开当天，《广州日报》导读与索引版整版推出“我们的长征”创意设计，组合广州日报各路记者重走长征路群像与红军雕塑融为一体，巧妙而鲜明地诠释了长征精神代代相传、要“走好我们这一代人的长征路”的主旨，创意和立意独树一帜。

精品编辑：同样的通稿通图，可以做出更多信息量

G20峰会报道出彩，还与编辑部精选稿件、精编通稿密不可分。对于这种重大国际时政题材来说，如何选用好、编辑好那些海量的新华社稿件，化繁为简、凸显亮点非常关键。例如《习近平“杭州时间”怎样安排》，稿件虽然是新华社通稿，但编辑从大量的新闻素材中梳理出读者最关心的国家领导人的“峰会行踪”，充分运用编辑技巧，一问一答，提纲挈领地回答了读者关心的问题，令报道更加亲民。新闻通稿的精选精编，令整体报道丰富多元又抓人眼球。

9月5日导读与索引版的心口大图处理也是“精编通稿做出新意”的典型体现。前一晚新华社播发了G20领导人大合影照片，如果按照常规做法，直接采用该图做心口大图，再配上图片说明，就已经大功告成了，事实上次日国内绝大多数报纸也都是这么处理的。但广州日报并不满足于此，立足做出新意，将几十位领导人一一用线条从图片中拉出，一一标注其国别与身份。这一做法看似费事不讨好，给编辑增加了大量工作量，又容易出错，存在安全隐患，但经过精心加工、仔细核对、精致制作，最终，在保证准确的同时给读者提供了更多的信息量，让一张大家都有的图片很有看头。

大事做多：坚持“多一点”加料加价

2016年6月，广州日报夜编中心制定业务规划。其中提到，在现有形势下，报纸亟待转型突围，调整编辑思路、明确项目抓手至关重要。在新兴媒体蓬勃发展的格局下，传统媒体尤其需要打造自己的独特价值，坚持高举优势、重点突破，坚持有所为有所不为，才能扎稳阵脚、生存、进取。其中提出要重点做好“八事”，即广事做主、主事做尽、小事做大、大事做多；政事有人、人事有情、故事要软、知事要硬。前四事是编辑思路层面，后四事是项目抓手范畴。G20报道就是“大事做多，加料加价”的一个实践案例。

所谓“大事做多”，就是给新闻大事加加料、给自身报道增增值。对于那些我们必须关注的大事、那些人有我有的重大新闻，要立足自身实际、结合自身优势，思考我们能做什么、能做好什么，努力为新闻加加料，体现我们独有的价值。在操作上，就是要时刻注意“多一点”，比如对于国家大政，加多本地链接；对于新闻动态，加多时间链条；对于舆论事件，加多态度声音；对于重大专题，加多创意包装……态度、声音、政策、数据、背景、资料等都可以成为“+”的选项。

广州日报G20峰会报道的“三精”组合拳较好贯彻了“大事做多”的思路。让我们愈加认识到，面对重大时政题材，地方媒体既要主动作为、打开思路，又要立足自身、精准发力，努力做好新闻“加减法”。

/ 专题范文 /

G20报道代表作：
2016年9月5日A7版见报——

总统心水　广东制造

巴西总统买皮鞋机器狗　土耳其总统带队吃面　加拿大总理卖龙虾

G20正式活动之外，云集杭州的外国领导人都在干什么？有哪些喜好？记者了解到，巴西总统特梅尔昨天就忙里偷闲，赶在G20开幕前来到了杭州市著名的闹市区武林银泰Shopping——买了一双皮鞋和一只机器狗，凑巧的是，两件商品产地均在广东。

还有很多国家的领导人趁机好好游了一回杭州，如加拿大总理特鲁多到了天猫卖龙虾，土耳其总统埃尔多安更“亲自带队”去杭州庆春路一家面馆吃面……他们利用会议中间的闲暇时间，或购物，或游览，或品尝，用心去品读杭州这座千年古城的深厚韵味。

昨天，巴西总统特梅尔在G20开幕前来到了杭州市著名的闹市区武林银泰，据商场的工作人员介绍，特梅尔在商场里逛了50分钟左右，买了一双特价皮鞋，798元；还买了一只玩具狗，399元。一共花了1197元。

下午2时15分，商场接到通知，说有一位重要嘉宾要光临门店购物，但没有透露是谁。店方在不强行限制客流的前提下快速做好接待工作。下午3时15分，车队到达，路人纷纷驻足张望。车门打开后，很快有人认出，这位“神秘人物”是刚刚上任的巴西总统特梅尔。

看男装看鞋子　然后还要看玩具

进了商场，特梅尔直奔男装区，再到男鞋专柜，停留了几分钟就离开了。接着，特梅尔提出想去儿童玩具专区看看。才看了不到一会儿，特梅尔就对一款玩具机器狗爱不释手。

总统心水 广东制造
巴西总统买皮鞋机器狗 土耳其总统带队吃面 加拿大总理卖龙虾
"微笑亭"服务 "小青荷"迎宾
构造改革 创新驱动 广汽的供给侧结构性改革实践
——2016中国汽车产业发展(泰达)国际论坛开幕，广汽分享供给侧改革经验

G20报道版面

这是一款智能对话机器狗，产自广东汕头。工作人员介绍，这款玩具狗只要是3岁以上的小朋友都可以玩。特梅尔很开心，爽快地买走了，但没有透露玩具狗是送给谁的。

工作人员说，特梅尔买完了玩具狗，心情蛮好，又逛回了男装区，在男鞋专柜看上了一双棕色皮鞋。通过随行翻译，让店员帮忙找了一双39码的鞋。记者事后了解到，特梅尔买的这双鞋也产自广东，来自佛山，原价要2588元，因为是断码鞋，目前正在特价销售，798元。离开前，特梅尔还非常友好地请随行人员帮忙，和店员来了张合影。

卖龙虾吃汤面 领导人“有点忙”

加拿大总理特鲁多被外界称为“男神总理”，有过男模和表演经历的特鲁多拥有俊美的外形和迷人的微笑，他的父亲老特鲁多更是与我国老一辈国家领导人共同缔造了中加建交。而此次特鲁多抵达杭州后，做的第一件事就是前往天猫，向全球网上消费者兜售加拿大的特产——加拿大龙虾。

特鲁多在卖力“吆喝”自家特产，而土耳其总统埃尔多安则“另辟蹊径”，带队尝起了中国特色美食——汤面。有杭州市民目击埃尔多安亲自带队，到市民常去的小吃街上一家面馆吃面。土耳其总统一行六人，各叫了一碗面，再配上几瓶冰水，吃得津津有味。

当时店内还有不少顾客正在吃面，有服务员和顾客认出了这几位“贵宾”并在一旁拍照。

（作者／广州日报全媒体贺涵甫　陈庆辉）

08

《生日歌》：一曲媒体融合的『交响乐』

“惟创新者进，惟创新者强，惟创新者胜！”习近平总书记指出，新闻宣传是否善于创新，是否能够做到常做常新，是其发展壮大、保持强大生命力的关键。广州日报向来以“敢为人先”自励，在历年重大主题宣传报道中，一个“新”字更始终萦绕在采编人员的心中：怎么才能出新出彩，怎么才能搞搞新意思、玩玩新花样？特别是在媒体融合向纵深发展的今天，“创新”更是一个需要我们不断作出回答的永恒主题。广州日报庆祝新中国成立70周年《生日歌》全媒体产品，就是在这个大背景下进行的一次融合创新的尝试。

庆祝新中国成立70周年主题宣传报道，是一篇大文章。全国主流媒体倾尽全力投入报道，百花齐放，争奇斗艳。在这个大日子里，广州日报全媒体平台隆重“演奏”一曲媒体融合创新的《生日歌》“交响乐”——报纸以“70年70首歌”为主线精心推出40个大版特别报道，新媒体端口推出采编人员自己填词谱曲演唱的原创MV《十月里》，酷狗音乐平台、商圈大屏等传播媒介全面开动，MV播放量超过千万……《生日歌》尝试打通报纸和新媒体，打通内容和传播，通过一整套、合而为一的策划创意，创新报纸表达方式、新媒体呈现形态和传播途径，给新中国献上了一份“走心”的生日祝福，也令广州日报在庆祝新中国成立70周年的新闻大战中做出了自己的特色。

报纸创新：特别报道变“唱片”可读可听

2019年9月30日，新中国70岁生日前夕，广州日报《生日歌》全媒体特别报道重磅出街。40个大版的报道以“70年70首歌”为主线，将70年70首代表性金曲按照不同主题划分为多个专辑，每个专辑再按照相应主题选择代表人物，最终以人物讲故事的形式带读者在悠长的旋律中回顾新中国70年壮阔发展进程。

选择用歌曲来串联新中国70年发展成就，策划团队经过了多次“头脑风

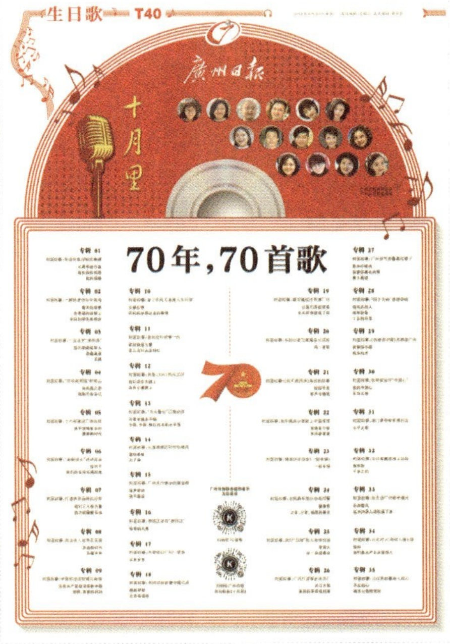

《生日歌》版面

暴”。2019年8月，夜编中心时政研编组举行头脑风暴会，研究报道思路。大家从“为新中国庆生”出发，碰撞出了用“经典金曲”串联70年岁月长河的想法。恰好，此前中宣部公布了70年100首代表歌曲，我们就想，这一首首流淌在人们心头的经典金曲，不正是新中国发展历程的最好见证吗？假如能撷取最叩人心弦的歌曲来记录历史，由各行各业最有代表性的人物来讲述亲身经历的伟大岁月，集合起来，不正是一首献给新中国的最深情的“生日歌”吗？

于是，我们决定“高站位搭建框架、小切口讲述故事”。首先，在谋篇布局上，按照十九大报告脉络框架分组，经济、政治、文化、社会、生态、国防和军队、“一国两制”和祖国统一、外交、党建九大序列依次展开，选取全面深化改革、大湾区建设、科创、民营经济、共建共治共享等35个专题，每个专题形成一个“音乐专辑”，每个“音乐专辑”对应一到三首代表歌曲，总计70首金曲。这无疑是一项浩繁的工作，光是筛选歌曲就不是一件

生日歌 T2 广州日报

专辑1

《义勇军进行曲》

《我和我的祖国》

《我的祖国》

义勇军进行曲

电话所里迎解放晨曦

年近九旬老人谢泳文追忆见证广州解放的历史性时刻

70年，从话题来到变成来源发

专辑2

《春天的故事》

《在希望的田野上》

《年轻的朋友来相会》

春天的故事

一篇报道惊动中南海

率先报道广州菜价放开的本报老记者张永南讲述背后故事

改革开放尽得步 老城市有新活力

《生日歌》版面

轻松的活儿。夜编中心立刻指派编辑分片包干，四个统筹编辑分组，七次修改和完善方案，努力做到经典金曲和发展主题的整体契合。

有了主题，有了歌曲，这还远远不够。立足于见人见事见情，特别报道将关注的眼光聚焦于“人”身上。各专题选取对应领域标志性的历史性事件，采访见证者、亲历者，或者词曲作者、演唱者，或者相关行业代表、百姓，由他们从歌曲出发，讲述感人故事，回顾激情岁月，感受家国巨变。在“出镜”讲故事的人物中，有中国工程院院士钟南山，有港珠澳大桥管理局总工程师苏权科，有《我的中国心》演唱者张明敏，也有《弯弯的月亮》的创作者陈小奇……他们讲述的故事，和专辑主打歌紧密契合，协奏一曲70年韵味悠远的旋律。

在形式上，版面被创意设计为“唱片”“专辑”的形式。报社与酷狗音乐平台合作，每个版的歌曲均配以小程序码，将读者变成听众，扫码可听岁月金曲，从里到外韵味悠长。

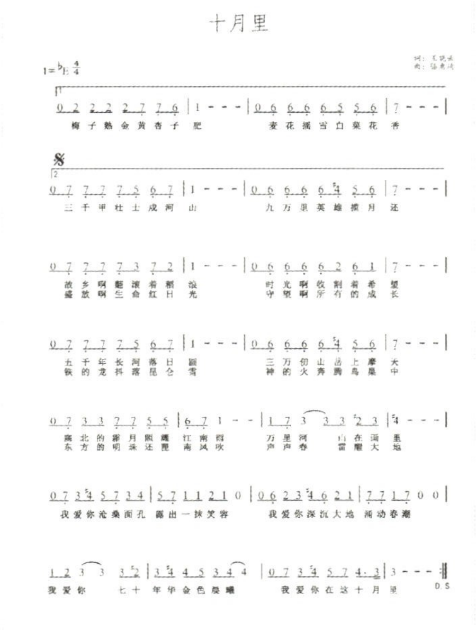

《十月里》歌曲歌谱

新媒体创新：原创MV唱出新闻人的家国情

读者意外地看到，在《生日歌》40个大版特别报道的封面上，一张名为《十月里》的MV歌谱“闪亮登场”。这支由广州日报采编团队原创的MV在广州日报微信、微博、新闻客户端等新媒体平台全线推出，与报纸报道相互联动、融合表达，合奏出一曲“交响乐”。

这支MV的词、曲、演唱、制作人员，全部是广州日报一线采编人员，一度被自嘲为“草台班子”。15名全媒体编辑记者中，有穿梭忙碌于新闻现场的一线记者，有披星戴月编辑版面的夜班编辑，还有理论评论员、新媒体编辑、音乐编辑、美术编辑、图片编辑、传播运营经理……曲谱由音乐编辑滕惠琦创作，词作者则是夜班编辑王晓云。其实，王晓云此前从来没正儿八经填过词，接到任务后着实憋了好几天。直到有一天，她偶然看到范成大的两句诗“梅子金黄杏子肥，麦花雪白稻花香”，突然来了灵感——就从田园风光开始，这背后就是中国创造的一个世界奇迹：解决十几亿人的温饱问题。紧接下来，五千年的历史，辽阔的疆域，新中国的一个个创举……两段歌词一气呵成。反复咏唱的副歌采取了直白热烈的方式，洋溢着喜悦、赞美与热爱之情。这首定名《十月里》的歌曲，词曲完美“合体”。

虽然创作这首“生日歌”的决定源自头脑风暴会上的一句戏言：“既然都叫‘生日歌’了，我们为什么不干脆自己写一个自己来唱呢？大家好好‘玩’一把！”但真正实施开来，创作这首MV还真不为了自娱自乐——事实上这是一个相当艰苦的过程——而是要以我们自己的方式，以新闻人的视角和语言回顾家国大事，用编辑记者们不加雕琢的声音咏唱发展历程。仔细聆听《十月里》，你会发现，其中不仅展示了融媒时代新闻人的新形象和对共和国的深深祝福，更以新闻人的视角回顾了新中国成立以来尤其是改革开放以来令人难忘的家国大事。“铁的龙抖落昆仑雪”唱出了青藏铁路“游走”高原之巅的英姿，“神的火奔腾鸟巢中”带人回望北京奥运的激情瞬间，“九万里英雄揽月还”让人跟随航天英雄重温飞天一刻，“东方的明珠还匣南风吹，声声春雷醒大地”则深情讴歌香港回归祖国、改革开放等重大历史事件。一幕幕广州日报人亲历的新闻现场、一个个令人血脉贲张的激情瞬间、一张张新闻人炽热坚守的执着面孔，和着如歌的行板串联起光辉岁月，奏响一曲感人至深的生日歌。

传播创新：酷狗音乐、商圈大屏立体传播

除了报纸和新媒体产品深度融合，《生日歌》全媒体产品还在传播手段和传播媒介上进行了创新探索。广州日报和本土音乐平台酷狗音乐合作，不仅每个报纸版面的每一首歌都配以歌曲小程序码，同时还在酷狗音乐平台建立“广州日报70年70首歌单”专题页面，将特别报道里的70首歌完整集纳，以《十月里》打头阵，整合包装推出，放大传播效应。

为提升主旋律报道的深度和温度，让主题宣传润物无声地走近更多寻常百姓，报社还与中共三大会址纪念馆、天河商圈众多商场合作，将《十月里》在三大会址纪念馆、万菱汇、VT101等户外大屏播放，把美好的旋律和真挚的祝福传递给万千国人。

《十月里》MV在广州日报客户端、微博、微信、大洋网全平台甫一推出就成“爆款”，在朋友圈获得热烈转发，推出当天总点击数即破百万。MV被人民日报客户端、人民网等中央媒体转载，截至2019年10月7日，仅仅8天时间，以《十月里》打头阵的“广州日报70年70首歌单”在酷狗音乐平台播放量突破900万次。从2019年9月29日至国庆长假结束，MV在各平台（含各场馆、商圈户外大屏）的总播放量突破1000万。

《生日歌》特别报道凭借独特的创意、新颖的形式取得了良好的社会效益。9月29日，广州日报即将推出《生日歌》特别报道的消息一出，立即引

《生日歌》录制花絮

起社会关注。清远市广铁一中外国语小学校领导获悉后，立即联系报社订购当日报纸，给全校师生每人一份作为特别的国庆礼物。这些都让主创团队感到欣慰，更重要的是，大家觉得在打通报纸和新媒体、打通内容和传播上，实实在在做出了一次有益的尝试。

/ 专题范文 /

《生日歌》特别报道：

2019年9月30日T2版见报——

年近九旬老人谢泳文追忆见证广州解放的历史性时刻

电话所里迎解放晨曦

每当雄壮的国歌声响起，鲜艳的五星红旗升起，每一位中华儿女都会肃立驻足、庄严凝望。70年壮阔历程，70年矢志奋斗，伟大的中华人民共和国取得了举世瞩目的成就，今天，让我们齐唱国歌，唱响对新中国的热爱，唱响对新时代的祝福。

专辑背景——
70年，从站起来到富起来强起来

70年前，伟大的中华人民共和国成立，中国人民从此站了起来。70年沧海桑田，中国从富起来开始逐渐强起来，发展实现惊人跨越。按不变价计算，2018年我国国内生产总值比1952年增长174倍，从积贫积弱发展为世界第二大经济体，“中国奇迹”举世瞩目。

让我们将视线聚焦到南粤大地。1949年10月14日，广州解放。自此，广州展现出她包容开放、敢为人先、与时俱进的城市特质，特别是改革开放以来，广州在诸多领域先行先试，经济高速增长为城市发展、居民生活带来翻天覆地的变化。

广州市统计局发布的数据显示，新中国成立70年来，广州经济总量连上新台阶，财政实力不断增强，人均地区生产总值达到高收入国家或地区水平。从1949年到2018年，广州地区生产总值由2.98亿元增加到22 859.35亿元。按可比价格计算，2018年广州地区生产总值是1949年的1736倍，1950—2018年年均增长11.4%，高于全国（8.1%）、广东省（9.7%）。随着经济的增长，人均地区生产总值不断实现突破。1949年，广州人均地区生产总值仅为121元，到2018年达15.55万元，增长约1285倍。

经济腾飞，社会进步，发展成果惠及这座城市的每一个人。城市环境越来越美，社会治理越来越精细，创新后劲越来越足，人民生活越来越幸福，美丽花城焕发出新活力。《粤港澳大湾区发展规划纲要》的颁布实施更为广州打开了发展新空间。站在新中国成立70周年这个节点上，广州人有了一个更响亮的称呼——“湾区人”，广州将充分发挥国家中心城市和综合性门户城市引领作用，全面增强国际商贸中心、综合交通枢纽功能，培育提升科技教育文化中心功能，着力建设国际大都市。

封面故事

在1949年10月14日广州解放的那天，有4位年轻的女话务员在丰宁路（现人民中路）原广州市自动电话管理所（下称“电话所”）当班，而现年88岁的谢泳文老人便是当年这4位女话务员中的一位。

近日，记者见到了谢泳文老人，她除了腿脚有些不便外，身体健朗，思维清晰，也很健谈。面对记者，老人的思绪穿越回了70年前。1949年10月14日，广州解放那天，谢泳文和何盆丝、刘仲娟、林清翘4人坐值04号查号台。“当天电话转接量不多，我们关紧接转座席间的门，悄悄给从化方向打电话，询问解放军一路挺进的消息。”

当日傍晚6时，贯通广州城河南河北的重要交通设施海珠桥被国民党炸毁了。“当时只听一声巨响，感觉整个房子有些震动，我们第一反应是赶紧将窗户关起来，铁窗很沉，但是不知道从哪里来的力气，一手一扇窗，‘砰’一声就将窗户关上了。”

当晚9时，解放军陆续进城。15日零时，电话所停止运行，目的是阻断国民党的对外通信，为解放军的进一步行动创造时间。凌晨2点多，电话所接转座席间的门忽然被打开，进来了4位被汗水湿透草黄色军装的“兵哥”，这些“兵哥”与她们所见过的军人不同：他们进来后和蔼地向她们安慰了几句，马上又到内机和电力室去了。“这是我们平生第一次亲眼见到我们心中的英雄——解放军，当时一点不怕，还与他们交谈起来。”

然而，更令她们惊讶的是，翌日清晨前来接班的同伴告诉她们，原来昨天夜里，有许多解放军就地睡在太平戏院（现已拆掉）对出街道两侧的地面上；而这么多拿枪的军人与她们所在的机房几乎仅是一墙之隔，但她们却全然不知。谢泳文说，她们见过国民党军队、见过日本兵，但是人民解放军这种“夜不扰民”的做法确实让她们感触颇深。

老人在回忆中还说，当晚在接转座席间见到的4位“兵哥”，是当时奉命前来接管电话所的人民解放军军代表，而这4位军代表后来留在电话所负责相应的管理工作，他们以平易近人和做事果断的风格赢得了员工的敬重。

70年过去了，如今的谢泳文已是耄耋老人，与她一起在广州临近解放那天值班的姐妹，有的已去世，有的早已失联。老人说，自己无法忘却1949年10月14日晚上与她一同上班的姐妹们，“我们在丰宁路电话所里，与人民一起，迎来了广州解放的晨曦”。

（作者 / 广州日报全媒体记者肖桂来）

09

『70我说』

生活 | 变迁的70年

建筑大师沙里宁曾经说过，“城市是一本打开的书，从中可以看到它的抱负”。从这个角度来说，地标是书写一座城市记忆最浓墨重彩的那几笔。为隆重庆祝新中国成立70周年，广州日报从地标着手，策划推出《70年70广州地标》系列报道。

70年，历经沧海桑田。矗立在广州这座历史文化名城中的众多地标分布在各个区域，代表着不同领域，每一座都诠释着70年的奋斗足迹。如何做好这篇文章？我们首先意识到，地标仅是一个切入口，其建设和成长必须和家园、城市以及新中国的建设与成长紧密相连。为了契合共和国70年大庆主题，我们决定将传统意义上的“地标”概念大大延展，选取高塔、酒店、桥梁、雕塑、场馆、码头、机场、港口等共70个广义上的建筑，精心分成12个组别，从广州解放开始说起，反映广州在民生、会展、商贸、交通等12个方面的发展。

最为费思量的莫过于确定形式。最初，创意团队受广州日报已经做出品牌的《图说广州》专栏的表现形式启发，决定采取“图说”的形式解剖地标、做出气势；此后，又想采取“今昔对比”的形式，用“航拍图（今）+资料图（昔）”的方式呈现地标的变化。然而，经过屡次考量和对比，始终觉得这些形式或是过于学术派不利于向普罗大众传播，或是难以保存建筑本身的风格特色，视觉效果也不够鲜明突出。经过编辑团队和美编团队的多次碰撞，最终决定采取手绘的形式，用精美的12组手绘图，定格12组地标，定格住一座城的美，也定格出70年的变。

从7月22日到9月5日，广州日报《70年70广州地标》大型系列报道陆续推出。

用地标来“刻度”一座城市的成长

地标仅是一个缩影，由地标的建设、成长见证家园、城市以及新中国的伟大发展，讴歌和赞颂70年来广州乃至新中国所取得的巨大成就和不朽荣光，才是报道的立意所在。正是在这一高站位立意的引领下，《70年70广州地标》才始终形神不散，牢牢聚拢在主线上。

在策划之初，我们就确定，12组报道，每一组都要有综述稿引领，以地标为切入口，反映广州在某一领域的发展和巨变；每一组，也都要有“专家视角”和“百姓情怀”，从不同人的角度去分析建筑，通过流露情感去感怀历史；每一组，都串连以“建筑目录”，将地标之外的代表性建筑也一一纳入，做一个贯串70年长河的协同梳理。如此，才能做到以点带面，以人带事，以情动人。

如系列报道以会展类地标为切入口，以《贸易的窗口　开放的雄心》为主题，讲述广州的外贸史；以桥梁类地标为切入口，以《江上桥连桥　两岸城又城》为主题，讲述城市边际不断扩大、外延的历史。

文字部分，要求编辑用绣花功夫锤炼文字，做到内容精致练达。以

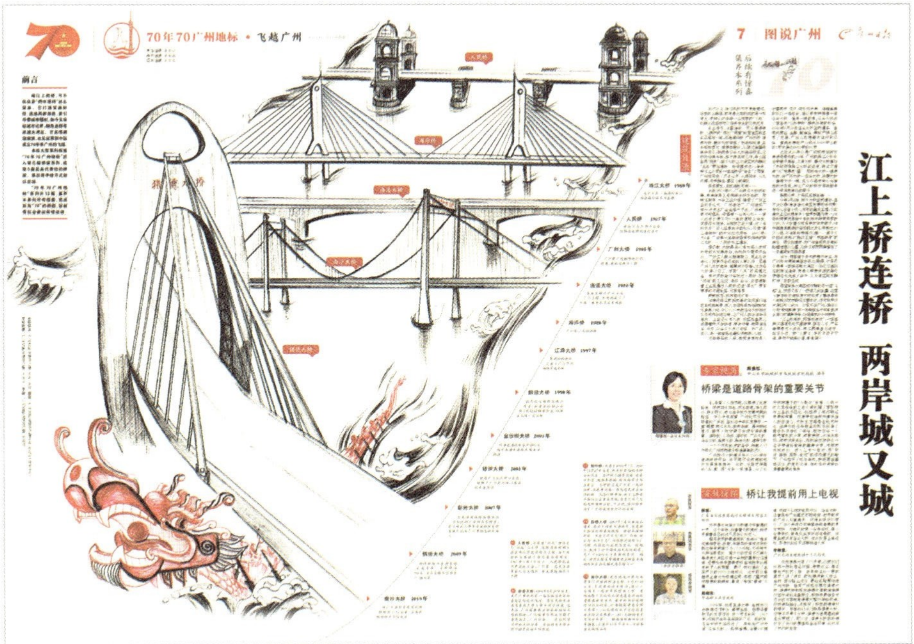

《70年70广州地标》栏目版面

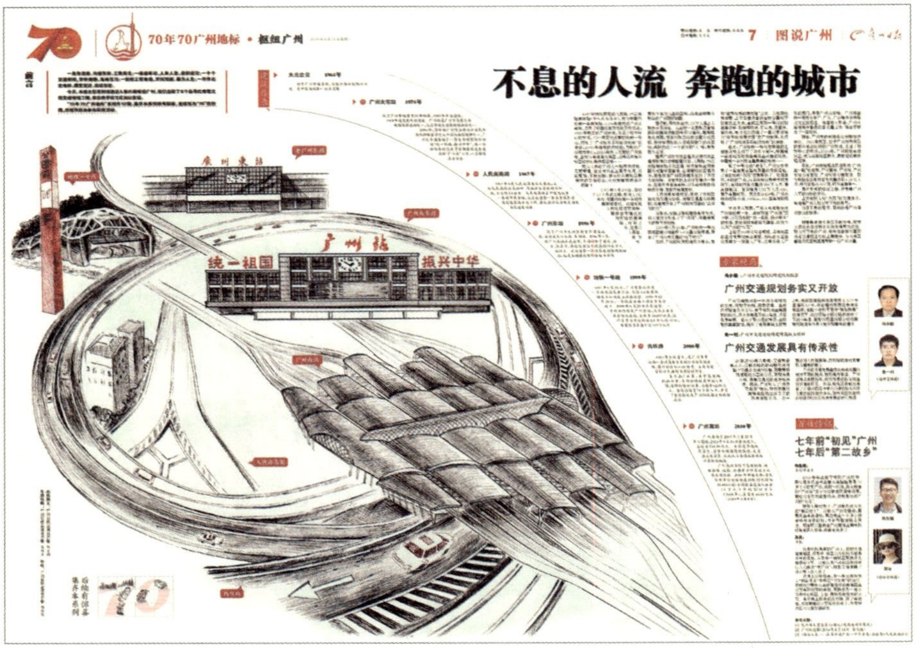

《70年70广州地标》栏目版面

标题为例，所有标题都往宏观去打，尽力打出高昂的气势、澎湃的激情。《贸易的窗口　开放的雄心》《奋斗的赛场　青春的城市》《不息的人流　奔跑的城市》《海天的通途　世界的广州》……12个标题排列下来，显得这座城市充满活力，青春昂扬。

用手绘呈现一座城市的韵味

如前文所述，系列版面最大的特色在于12组地标建筑的12幅手绘图。图片用黑、红二色圆珠笔绘制而成，黑色勾勒建筑线条，红色涂抹红棉等点缀景致。组图占据跨版一半以上面积，使版面看起来精美大气。

以“飞越广州”（桥梁系列）为例，人民桥、海印桥、洛溪大桥、南沙大桥、猎德大桥在画面中自远及近排列过来，线条流畅如长龙卧波，颇有气势。美术编辑杨晓明将一组地标绘制在一张图上，规避了因为摄影图片角度不佳、明暗不协调、画面不干净等问题造成的种种瑕疵，通过绘画者本身的筛选，只留下建筑本身风格特征最突出、最具美感的线条。因此，对于一组建筑的呈现来说，用手绘的方式明显会优于图片组合。同时，过滤掉种种“噪音”的干净的图画更容易展现城市独特的韵味。

用拼图升华热爱与赞美

细心的人或许会留意到，地标系列12个跨版每个版手绘组图的位置都不同，文字部分版块组合不变，但却完全是依照图形的走向来摆布，这恰恰是该系列最精巧的构思。

12组地标手绘图出现在每一个跨版的不同位置，是为了最后能够拼成完整的“70”图样，以庆祝新中国成立70周年的到来。不仅手绘图本身能完成拼图重任，12个跨版的报纸本身，也能实现这一操作。所有的子系列既是“正在进行时”，也是“准备时”，准备着在最后一刻（第13期）以“70”图形将70地标完整呈现，大气磅礴，是为“壮哉广州”。整个系列报道到此推至高潮。

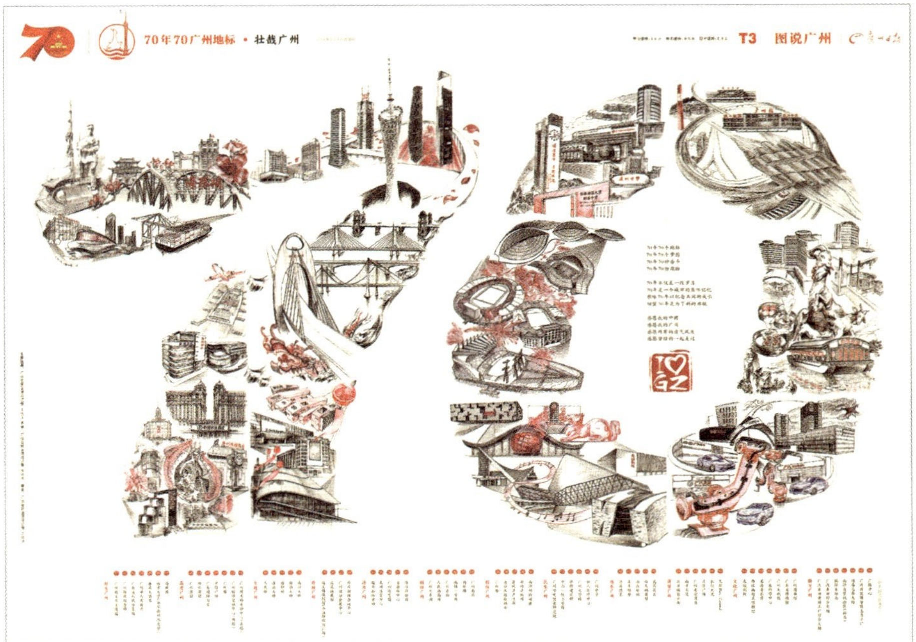

《70年70广州地标》栏目版面

《70年70广州地标》栏目版面

用活动将城与人紧紧联系在一起

从7月22日第一期开始，地标系列每一个跨版都会出现一张红底“70”的小拼图，每发布一张手绘图，这张图就会缩小出现在拼图里，直至12期满，“70”拼完。

这个拼图是一个线索，指引读者“集齐本系列，后续有惊喜”。在第12期刊登完毕之后，我们兑现了这个承诺——邀请专家、客户、读者参与报道后的互动。所有收藏齐12个版面或与地标合影的读者都可以投稿至新媒体后台，其中30名幸运读者将能收获“金版”合辑、打卡广州地标、参观“70年70广州地标”展览，从而将平面的报道做了立体的延伸。

虽然《70年70广州地标》是一个以纸媒为主要载体、以手绘为主要平面呈现方式的精彩系列，但同时在广州日报App、微信、微博上做了立体传播，并在抖音上发布了“拼版”小视频（将12张跨版拼出巨大的“70”图案），全媒体立体传播效果良好。

广州日报还在移动端与读者进行了互动，邀请读者“打卡”地标、参观“70年70广州地标”展览。11月6日，《70年70广州地标》系列报道拼图活动中的30名幸运儿来到广报中心参加读者座谈会。他们参观了广州日报融媒体中心，领取了70地标合辑“金版”纪念品，抽取了手机大奖，还打卡了70地标之一——广州塔。活动的成功举办，成为融媒合作的延伸，用“地标”为黏合剂，将报、城、人紧紧黏合在了一起。

该系列报道凭借站位高、立意深、形式巧、传播广获得省委宣传部阅评表扬，在读者中也取得了热烈的反响，很多读者反馈说，黑、红二色圆珠笔勾勒出的建筑图引人注目，每一个版单看都是精品，都具有收藏价值。而70地标的合体版，则更是值得珍藏的时代记忆。

不仅如此，系列报道在推进过程中还吸引了众多广告客户关注的目光，做到了社会效益和经济效益双丰收。在系列报道推出的过程中，夜编、美编、广告、传播中心、新媒体等部门多次沟通协调，以保证其在各方面都能取得满意的效果。系列报道画上圆满句号后，主创团队感叹，只要在立意、创意、构思、平面上多加琢磨，只要各部门实现充分沟通互动，叫好又叫座、双赢乃至多赢的主旋律报道是完全可以实现的。

（作者 / 王晓云）

/ 专题范文 /

《70年70广州地标》专栏：

2018年8月28日6版、7版见报——

文化七星阵　领秀广州城

文化，包罗着人类全部的精神活动及其产品。一个城市的文化地标，折射着城市的精神魂魄，镌刻着城市的文化肌理。放眼广州，各具风格文化建筑里有着这个城市传承多年的精神，一以贯之的气质。

本报大型系列报道《70年70广州地标》今天进入第11辑文化系列，我们选取7座伴随广州成长的重要文化建筑，依旧用手绘方式加以呈现。

《70年70广州地标》系列共12期，集齐本系列所有版面，完成形为“70”的拼图，您就有机会参加后续活动。

波德·达姆罗什曾说过：“要想知道一座城市的文明和灵魂，去看看她的剧院就明白了。”

剧院，串起了中华人民共和国成立70周年来广州在文化建设上两个光芒四射的重要节点——20世纪60年代建成的友谊剧院，和踏入新千年以后建成的广州大剧院。

如果我们放眼全城，更可以看到，20世纪80年代中期西汉南越王博物馆的建设，20世纪90年代后期星海音乐厅的落成，2008年盛放于大学城的超级“木棉花”——广东科学中心，2010年以后在广州CBD中轴线上打开的“月光宝盒”——广东省博物馆，以及“美丽书籍”——广州图书馆，连同两座高规格的剧院，联结成花城中魅力无穷的文化“七星阵”，领秀珠江南北。

这“七星阵”地标，展现了中华人民共和国成立后广州在文化建设上，开风气之先，承传统精魂，展时代风尚的经典杰作。

束带临风气调新

中华人民共和国成立以后，位于祖国南大门的广州，于1965年率先建成了友谊剧院——当时国内最完善、档次最高的一流大剧院。建院50多年来，友谊剧院长期作为外事演出指定剧院及广东省、广州市重要的会议和活动的场所，招牌蜚声中外。

1998年落成的星海音乐厅，则是继北京音乐厅之后全国第二个专业音乐厅。从建成以来，国际艺术家和各界观众对星海音乐厅的声场效果赞誉有加，其最大特点就是声音的“均衡”——无论你坐在音乐厅的哪个位置，听到的声音都是一样的，音乐厅里没有声音死角。

广东省博物馆，作为中国内地第一座采用悬吊建筑结构的大型建筑物，实现了结构无柱化，营造出经济实用的空间布局和宽敞宏大的视觉效果。目前，世界上采用同类结构的只有中国香港的汇丰银行大厦、德国宝马的汽车博物馆等极少数项目。

这便是开风气之先。

新声含尽古今情

友谊剧院是由当时著名的南派建筑大师佘畯南设计的，他把极具岭南传统特色的庭院、园林有机地融合于现代建筑之中，友谊剧院一直享有“庭院式剧院”的美誉，曾载入国内建筑学教科书。

西汉南越王博物馆是由已故的岭南建筑大师莫伯治先生设计的。博物馆建筑依山而建，外立面浮雕采用东莞燕乡出产的红米石，图案选用南越王墓出土屏风底托上的人咬蛇纹饰，岭南风情、民族特色鲜明。早在2004年，西汉南越王博物馆就入选国家5A级景区。

扎哈·哈迪德，这位伊拉克裔的英国女建筑设计师，同样善于化用地方典故来创造城市标志性建筑。在设计广州大剧院时，她找到了“海珠石”。“海珠石”原是旧时珠江广州河段上的一座石岛，直到1907年还耸立在珠江航道上，由此广州有了“海珠区”。海珠石的近旁，百年前曾经矗立着“广州戏院之冠”海珠大戏院。时光流转，扎哈·哈迪德用“两块被江水冲上岸边的砾石”，再次为新世纪的广州城树起了一座文化地标，串起了广州的历史和未来。

与两颗宝贵的砾石隔着花城广场对望的，是广东省博物馆这一“盛满珍宝”的“月光宝盒”，深灰与大红相间的外墙营造出中国古代“漆盒”的厚重观感。

这便是承传统精魂。

妙笔合为时而作

二沙岛上临珠江而建的星海音乐厅，设计轻盈而现代，自北向南斜望，像一只展翅欲飞的天鹅；从西往东看，南面的抛物面与二楼平台构成一架撑起盖面的大钢琴，与珠江的碧水合奏着永不休止的和弦；晴日里，从两条抛物面的弧形脊看，喷薄而出的旭日和西坠的夕阳，又似五线谱上圆圆的音符。

位于广州番禺区小谷围岛西端的广东科学中心，三面环水，其整体设计理念紧扣当代“科技航母”。主体建筑宛如一朵盛开的木棉花，西面以较大面积水体衬托，宛如向前航行的船体；主建筑入口是一只“眼睛”造型，寓意在科学道路上不断探索和发现。

像书本一样打开的广州图书馆，因为拥有极大的倾斜角度和独立柱支撑悬挑大楼，一直被称为“最有设计感”的图书馆。更重要的是，广图呈现了一种当代知识观。在过去，人们往往强调图书馆的殿堂感觉，到了知识大爆炸的今天，图书馆和人该是什么样的一种关系？设计师马震聪认为，应该是平等的、包容的、开放的……所以，广州图书馆整个建筑呈现的是书的形象，人可以轻松地进入“书”中。图书馆设立了很大的中庭，有足够多交流和举行活动的空间；书架是开放的，旁边可以休憩、展览、举办活动；图书馆中的中庭与有着“城市客厅”之称的花城广场中庭，中间也只隔一层透明玻璃。

这便是展时代风尚。

因为有了这三者，我们敢于说，数风流建筑，还看今朝。

广州城里的“七星阵”地标，正在成为中国乃至世界建筑史上的经典杰作，成为释放精神能量的文化“超新星”。

专家视角——
友谊剧院精巧细致　省博广图低调务实

沈康：广州美术学院建筑艺术设计学院院长

新中国成立后广州诞生的七大文化地标，大概可以划分为三个建筑时期。在广州美术学院建筑艺术设计学院院长沈康看来，每个时期的文化地标，都有自己的时代特点。

第一个时期是20世纪60年代的友谊剧院。“那个年代的建筑大师们，从当时中国的现实条件出发，充分考虑岭南的地域、气候和特点，使得友谊剧院在细节处理、整体风格上，都显得精巧细致，具有鲜明的南方意韵，在当时来讲是不可多得的设计精品。”

到了改革开放初期的西汉南越王博物馆和星海音乐厅，开始追求建筑风格的现代化、简约化。“因此，这两座文化建筑的形式风格十分简洁大方，非常具有时代表现力。在功能组织上也体现了那一辈建筑师务实的态度和扎实的功底。”所以，到现在星海音乐厅的声学设计依然备受赞赏，西汉南越王博物馆对遗址的保护和参观展览，也都组织得非常合理。

对于当下的这几座著名文化地标性建筑，沈康特别指出，很现代化，看起来又都比较低调、平实，反映了广州这座城市低调、务实的状态。“虽然广州的文化地标，在形象上没那么突出，但这种平和低调，恰恰能跟每个人的生活紧密地联系在一起，让普通市民更有亲切感，认同感。”因此，沈康认为，当下的这几座文化地标建筑，对广州人的生活和影响是润物细无声式的——没有轰轰烈烈的气势，却不动声色地滋润着人们的日常生活，提升着人们的文化艺术素养。

另外，尽管这些文化地标在国际上日渐受到关注，但在沈康看来，宣传力度上还做得不太够，国际美誉度还可以继续提高。“这是非常值得我们去做的事情。譬如我个人就特别喜欢友谊剧院。那一代建筑师以他们的智慧和对地方的理解，设计出了在今天仍然闪闪发光的精品，依然值得我们回味和学习。”

百姓情怀——
流连地标里　感觉很幸福

程浩：广州港务局原宣传部部长

业余时间，我喜欢研究广州港口及海上丝绸之路，著述和出版过多部专著，所以对与港口和海上丝绸之路历史相关的博物馆和图书馆尤为关注、留心和流连。

现在我已退休多年，但依然“旧情难忘”，常去博物馆和图书馆。广州图书馆和广东省博物馆的发展，让我深切地感知到时代的脉搏和变化。在我眼里，文化地标就是广州闪闪发亮的文化名片。

欧阳宝凤：广州话剧艺术中心国家一级舞美设计师

我的第二故乡是广州，我在广州生活近30年了。记得当年从上戏毕业前夕，收到广州军区战士文工团接收地方大学生的特招令，还没有来过广州的我，曾经有一丝担忧——广州有没有话剧、舞剧看？广州有没有像上戏实验剧院那么好的剧场？到了广州以后，看到友谊剧院及众多专业艺术团体，我这种担忧马上烟消云散。这些年，我常在友谊剧院和广州大剧院参加演出或者观看演出，“穿行”于这些文化地标，我深切地感受到广州市民精神文化生活的丰富多彩。

伍锦时：羊城读书会会长

广州图书馆，可谓是我的“私人书房”，每月必往。在一排排的书架上，慢慢挑选喜欢的书籍，时而站着阅读，时而坐着观看，心无机事，案有好书，乐也融融。广东省博物馆，我也常带着一介文化青年的温情与敬意进入其中，感知历史。

沧海桑田，一座座广州文化地标拔地而起。白云山下，我城有之，幸也。

（作者／广州日报全媒体记者江粤军）

10

听100个『我们』讲述新时代的故事

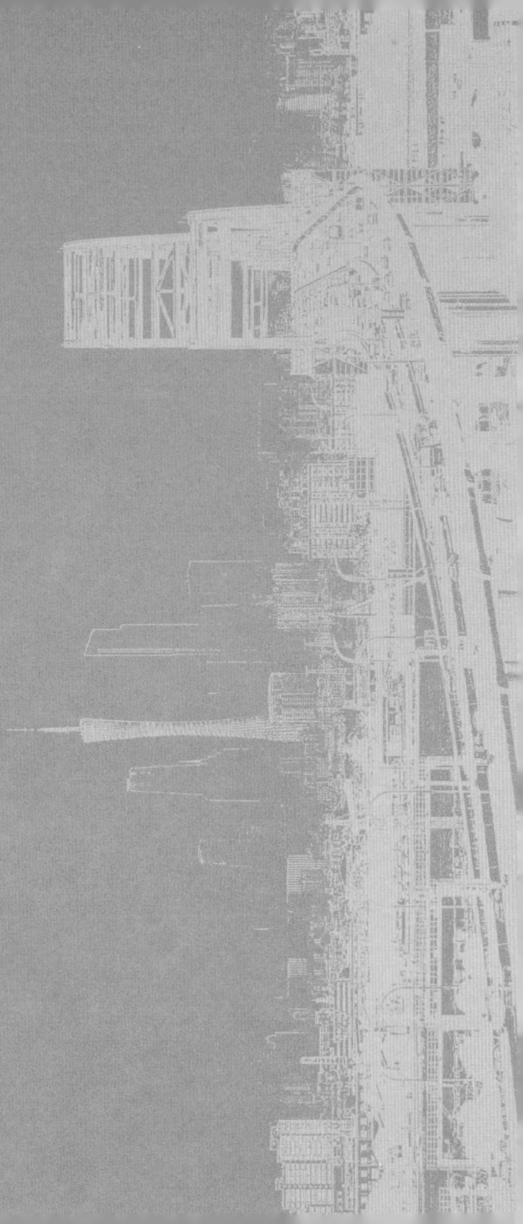

2018年，最重大的主题宣传活动莫过于庆祝改革开放40周年。站在“中国特色社会主义进入新时代”这一历史坐标上，全国主流媒体在“壮阔东方潮　奋进新时代”大主题的统领下，展开了一场延续全年的新闻业务大比拼。

40年岁月长河，我国发生了无数值得记录和回望的事件，取得了无数举世瞩目值得大书特书的成就，亦涌现了无数值得铭记和讴歌的面孔。作为改革开放的排头兵、先行地和实验区的广东，更是这一波澜壮阔大时代中的弄潮儿。作为地方党报，我们应如何着手，才能将这篇记录中国铿锵发展足音的大文章写出自己的特色？

和很多媒体一样，广州日报从2017年底就开始谋划庆祝改革开放40周年的报道了。我们首先考虑的是，中央庆祝改革开放40周年纪念大会2018年年底才召开，报道肯定要贯穿2018年全年，因此策划报道必须放眼全年去谋划，又要结合重要节点做出声势。而最重要的是，报道要立足高站位，必须突出展现党的十八大以来中华民族伟大复兴之路，必须生动展现广东牢记习近平总书记嘱托、努力在新起点开创新局面的实践探索。在这一主旨指引下，我们确定将重点放在十八大以来的这五年上，放在广东在新起点开创新局面上，不仅回顾过去，更展望未来；不仅总结成就，更展现牢记嘱托谋划落实。

主题的确定来源于总书记的一句重要论述。2018年3月，十三届全国人大一次会议在京闭幕，习近平总书记发表重要讲话。“新时代属于每一个人，每一个人都是新时代的见证者、开创者、建设者。”总书记的这句话在全国上下引起热烈反响，也给了我们极大的启发——我们身边的每一个普通的奋斗者，不正是改革开放40年最好的见证者和记录者吗？他们的奋斗故事，不正是改革开放伟大历程最好的缩影和诠释吗？于是，我们将改革开放全年系列的主题定为“我们的新时代”，决定从宏大叙事中另

《我们的新时代》收官报道《再出发》封面

辟蹊径，从"新时代属于每一个人"的立意出发，紧密结合广东基层实践，聚焦基层干部群众，通过讲述一个个"小人物"的故事来折射大时代的变迁，描摹改革开放四十年的宏大历史画卷。

2018年5月21日，广州日报《我们的新时代——改革开放四十年　奋斗广东再出发》12个大版开篇特辑推出。沿着总书记2012年考察广东的足迹，记者精心选取广州、深圳、佛山、珠海40位基层干部群众展开回访，以第一人称生动讲述改革开放以来尤其是党的十八大以来普通人经历的光辉岁月、感受的时代巨变、期许的美好生活，点出了"人民对美好生活的向往就是我们的奋斗目标"的时代主题，拉开百人故事系列的序幕。

紧接着，从5月至12月，切合习近平总书记对广东"四个走在全国前列"重要指示，《我们的新时代》第二序列40位奋斗者故事按"新发展""新经济""新丝路""新生活"四大主题每周推出，每个奋斗者故事一个整版，持续大半年时间。

12月18日，在中央庆祝改革开放40周年大会召开的历史时刻，《我们的新时代》收官序列12大版《再出发》特辑见报，紧紧围绕总书记10月考察广东时提出的"四个方面工作要求"，精选20名代表人物谈落实、讲愿景，唱响"改革开放永不停步"的时代主题，将《我们的新时代》百人故事系列推向高潮。

《我们的新时代》栏目版面

小人物折射大时代

时代是人造就的。《我们的新时代》特别注重将“小人物”的奋斗故事置身于改革开放的宏大背景中，在新时代的奋斗底色中精选代表行业、代表人物。正是一个个代表人物构成了“我们”，书写着“新时代”。

如在开篇特辑40位基层干部群众的选择上，记者沿着总书记2012年视察广东时的足迹，在广州、深圳、佛山、珠海四地展开回访。这40人中，既有当年在广州东濠涌畔与总书记亲切交谈的退休干部林志强，也有在全国两会上向总书记汇报的“80后”企业家袁玉宇。40人按照五大发展理念分为五个系列，以第一人称向总书记汇报五年来的奋斗和身边的变化。

40位奋斗者故事系列的主人公则分别围绕“四个走在全国前列”重要指示划分组团。如“新发展”序列以广州开发区科技领军企业领军者孙志强的奋斗故事开篇，八位主人公既有广汽老总曾庆洪、格兰仕总裁梁昭贤等国企民企领军者，也有外企领头雁，以及见证了简政放权之路的政务中心窗口办事人员。他们的奋斗故事，折射出广东在改革开放进程中努力优化营商环境、推动经济高质量发展的奋斗历程。“新行当”序列则瞄准新经济大潮中涌现的新行业精选代表人物。他们中有电子竞技教练、无人机飞手，也有共享单车猎手、3D打印专家、电商培训师。一人一行业，折射了大时代大众创业、万业奋发的时代风貌。

收官特辑围绕“四个方面工作要求”讲述了20位代表人物的改革开放新

愿景。无论是大桥建筑师，还是科创带头人，无论是乡村创业者，还是基层工作者，讲述的都是新时代“我们”的故事。四个大版大标题《潮起大湾区　我们来搭桥》《工业机器人　我们来补心》《田地装大脑　我们当神农》《党员智囊团　我们当引擎》，标题中一个个“我们”巧妙嵌入、排比搭配，把一个个小人物归结回“我们”，为《我们的新时代》画上了一个圆满句号。

小故事讲述大历史

《我们的新时代》不是板起面孔讲历史，不是平铺直叙夸成就，而是通过讲故事来讲历史，通过讲故事来讲发展。报道在写作技巧和编辑手法上特别注重呈现真实的故事、生动的细节，以此生动描摹出改革开放40年壮丽画卷。

如“40位奋斗者故事”“新生活”主题序列中，对标“在营造共建共治共享社会治理格局走在全国前列”重要指示精神，报道将主人公分别锁定为110报警台首批接线员、星海音乐厅主任、空气质量预报员、图书馆馆长、中学老校长等，用这些普通人的故事折射城建、治安、卫生、环保、文化等方方面面的进步和发展。“为什么报警台是110？因为老式转盘电话拨11最快”“广州110首次接警　一通电话吓跑小偷”……在全国首批110接线员杨蕴华的奋斗故事中，一系列鲜有曝光的细节真实有料，行文笔触生动细腻，娓娓讲述的故事让读者共鸣强烈。

不仅有人，还要见事。为将普通人的故事融入时代洪流之中，我们要求每篇人物故事均配合改革开放的背景底色，即相关领域的发展大事记、数据图说等。如在“新发展”序列中，瑞松科技董事长孙志强、广汽集团董事长曾庆洪、格兰仕总裁梁昭贤等奋斗者的故事就分别对应“供给侧结构性调整”“从广东制造到广东智造”“民企发展大事记”等背景底色。

小版面升华大主题

贯穿2018年全年的《我们的新时代》始终坚持高质量、高标准，力求以专业新闻技巧推出打动人、说服人、激励人的主题宣传报道，特别注重精心

“年代秀”H5游戏

创意、巧妙包装。尤其是2018年12月18日的收官特辑《再出发》主题报道，将百人故事系列推向高潮。

当日封面紧紧契合“再出发”主题，选择百人故事系列中的代表人物昂首前行的群像展开设计。这些人中，有身着警服的110接线员，有正在大桥上施工的建设者，有民营企业家、无人机飞手、单车管理员……他们昂扬奋进的姿态，烘托出了南粤大地改革开放“再出发”的主题。

内版除20位代表人物谈愿景外，还用两个对版对《我们的新时代》全年系列进行了回顾和升华：一个版《我们的新时代》大述评，一个版《我们的新时代》群英谱，集纳80名主人公形象，为持续全年的报道画上了“大团圆”的句号。

为增强传播力，《我们的新时代》还在广州日报客户端推出《穿越40年，你想成为谁？》“年代秀”H5游戏，从改革开放40年的四个年代“80年代”“90年代”“00年代”“10年代”出发，每个年代选取三个有代表性的职业，使用人脸融合技术，邀请读者变身为雅马哈鱼档“个体户”、“网红”、快递小哥等从业者，从中体验40年来的巨大变迁和伟大进步，获得粉丝受众广泛参与。

我们的故事最动人，奋斗的故事最精彩。《我们的新时代》百人故事系列执行跨度长，稿件序列多，堪称历年来广州日报统筹难度最大的主题报道系列之一。为确保生产精品、做到风格统一，编辑团队采取统筹编辑负责制，几位时政编辑全程接力统筹、改稿提升、精心编辑，保证了系列报道的高质量。

凭借高站位、巧创意，《我们的新时代——改革开放四十年　奋斗广东再出发》全年报道系列获得上级宣传部门高度评价和受众认可。作品荣获2018年度广东新闻奖系列报道类二等奖，12月18日《再出发》“导读与索引”版获得广东新闻奖版面类二等奖。

/ 专题范文 /

《我们的新时代》专栏：

2018年12月4日A7版见报——

作为全国首批110接线员　杨蕴华见证广州报警台的成长变迁

“你好110”　一讲30年

“有危难，就拨110。”这句话早已成为全国家喻户晓的一句话。而早在改革开放初期，全国首家110报警台诞生于广州。1986年1月10日零时，广州市公安局成立110报警服务台，6位警花挑大梁成为第一批110接警员，彼时刚刚大学毕业的杨蕴华便是其中之一。

随着改革开放的不断推进，人们的通信方式迅速变化，从最初的转盘式电话机，到后来的移动电话、网络报警等，杨蕴华见证着广州110报警台因时而变。32年来，广州报警台累计接收9300多万个求助电话。坚守一线的杨蕴华则是全国110系统工作时间最长的功勋民警。

为什么报警台是“110”？　老式转盘电话拨“11”最快

在110报警台成立以前，群众反映警情主要是通过1973年设立的“01”盗警电话。不过，与110报警台不同的是，拨打“01”后，电话接到公安局值班室，接警者就是值班民警，而且只有2台单线电话。这就是说，一旦多于2名群众同时来电就无法拨通。

“加入110是一个巧合。”杨蕴华出身于一个纺织业家庭，在当时子承父业是许多人的职业选择，但杨蕴华希望跳出父母给她定下的框架，她报考了警校。1985年，杨蕴华从广州市人民警察学校毕业后进入广州市公安局。此时正当广州110报警服务台选拔接警员，杨蕴华便与另外5名年轻女警一起成为首批报警服务台接线员。但要真正成为一名报警台接线员，还要经过数月的训练。“因为以前是手工记录，我们需要训练速记、分辨人声音的能力和沟通能力。”

1986年1月10日零时，110报警服务台正式启用，广州成为全国首个开通110报警服务台的城市。为何会选择“110”这三个数字？原来，由于旧式的电话为转盘拨号，距离最近的数字是“1”，而“0”的距离最远。群众能以最快速度播出两个“1”，又有充足时间考虑是否拨出“0”。而且从电信信号的角度看，“110”不容易串线，于是“110”就被确定了下来。

广州110首次接警　一通电话吓跑小偷

回忆起当时的场景，杨蕴华说，最初的110报警台没有专门的房间，只是办公室里很少的一排座位，有24条线路4台电话，她们6名女警分为3个班次，24小时轮值。不过，110在诞生之初，远没有现在这么“出名”，电话开通约3小时后，杨蕴华和她的同事们在紧张与期待中，迎来了第一位“客人”。

1986年1月10日3时15分，杨蕴华与同事接到第一宗警情：一名市民报称在越秀区的景园酒店丢失行李。110报警台核实后，立刻协调一德路派出所赶赴现场调查。不一会儿，现场民警便通过对讲机回报：行李已寻回。不过，当发现失主报警，小偷便丢弃赃物逃跑了。当时杨蕴华感到有点遗憾：“本有机会抓住小偷，但刚刚开始工作，还是胆怯问得不够详细。”直到如今，杨蕴华还清晰地记得，在广州110报警台开通首日，共收到8通报警电话。

杨蕴华坦言，要成为一名有经验的110接警员并不容易，对她而言，最大的挑战便是如何从短短的对话中获得更丰富的信息。久而久之，她练出一套听语气辨事态的“特殊能力”，她还总结出盘问信息的“套路”：明确地点、时间，以及报警人是否在现场等。

“这份工作不只是打电话这么简单，就像珠光路有‘仓前直街’，培正路也有，如果理解错了地名，很容易出现调警错误。”杨蕴华说。因此，杨蕴华每天下班都要骑自行车走街串巷，每经过一条街，她都会特别留意所属派出所的名称、位置。很快，她便对广州街道如数家珍。

110系统首个“立功人” 几通电话抓获4名抢劫嫌疑人

20世纪80年代，许多公用电话亭旁都会有这样的一条标语：“有危难，请拨110。”但是由于建台时间太短，群众认知度还不高，接警员每年接警量不足2000宗，不过其中也不乏重大警情。

1987年12月29日晚，正是杨蕴华值班的日子。她接到当时番禺县公安局的来电，称辖区内发生一宗特大持械抢劫案，4名犯罪嫌疑人极有可能乘坐当天晚上的火车北上，专案组民警在驱车赶往火车站的同时申请协助。

接报后，杨蕴华意识到这是一件重大刑事案件。从铁路部门了解到列车发车时间后，杨蕴华问清楚犯罪嫌疑人特征，立刻通知火车站派出所民警前往犯罪嫌疑人可能通过的入闸处蹲点，同时协调铁路警察做好准备，并开启绿色通道，方便他们协同上车执法。同时，她又通过电台将番禺民警前往火车站抓嫌犯的消息告诉了沿路的交警和治安警，以便让警车快速通行。当日23时28分，现场民警通过对讲机传回了信息：火车正准备开动时，办案民警的警车刚好开到站台下，最终，4名犯罪嫌疑人全部落网。

事后，专案组没有忘记这位110女警，专门为她报请了三等功。正是她在抓捕犯罪嫌疑人的关键时刻，通过电波指引着专案组和各警种紧密战斗，才使案件成功告破。杨蕴华也因此成为110系统第一个立功的人。

《我们的新时代》专栏版面

能抓贼也能救人　协同市镇村　找回迷路人

2012年10月6日9时许，110报警台接到一宗报警，在惠州和从化交界的从化石门公园附近有14名学生迷路。杨蕴华与值班同事郑嘉敏当即通过GPS（全球定位系统）定位，但是因为手机信号不佳，只能划出大致的范围。

“手机还有电吗？周围是否有显眼路标？”同事一面详细了解人数、每人的手机号码、最后联系时学生所处方位等情况，一边通知从化市公安局会同当地林业部门、镇、村组织熟悉地形地貌的精干力量上山搜救。在得知学生们迷路已经一天，手机的电量所剩无几后，“我让他们轮番开机节省电量，在确保安全的情况下燃烧树枝杂物制造烟柱”。

“我们已经在搜救路上了，别担心！”安抚学生的同时，杨蕴华与同事协调省公安厅的直升机协助搜索。16时左右，搜救人员发现浓烟。当晚，民警在村民的带领下成功营救，除1名学生扭伤脚外其他人员没有大碍。

如今，在110平台基础上，反诈、寻人等专线应运而生。同时，广州110还与网络媒体签订寻人合作协议，110负责收集寻人信息，而网络媒体则通过地区精准投放寻人启事。从2018年1月10日开始，广州110已寻回80名失踪人员。

现在一班次就接警300次　有时也耐心开导失恋报警人

“30年来，报警台面临的最大变化之一就是警情数量的激增。”从业32年的杨蕴华说。回忆20世纪80年代，110台一天的接警量只有个位数，但是如今一人一班次的接警量可以达到300。“原来可以直接在岗位上休息，现在想休息就必须提前申请轮班。”

不过，在110的工作中，也不是只有紧张和压力，杨蕴华向记者分享了一些意想不到的事情。“有深夜诉说失恋痛苦的，有抱怨家长里短、抱怨工资总不涨等各类奇怪理由报警的人。”杨蕴华说，如果发生在非高峰时段，接警员会尽量选择倾听开导，观察对方是否会有过激行为。

随着警情的增多，杨蕴华与同事们的工作机制也在不断调整。“以前接警员会一宗一宗地跟进每宗警情，渐渐地，由于电话量太大，接警员工作逐渐偏向只接不处，许多警情开始并行多线程处理。”杨蕴华说，以前有人会说“有困难，找警察”，但随着社会分工的进一步合理化和明晰化，如今更倡导的是“有危难，找警察”。

如今，在广州市公安局600余平方米的接处警大厅，她与接警员们仍一丝不苟地对待每一宗电话。“平安电波”通过60多条线路24小时无眠无休地护佑广州平安。

奋斗底色　良好社会环境　千百干警守护

从1986年1月10日全国首家110报警服务台在广州成立至今，32年来，广州110报警服务台共受理群众报警求助电话9300多万个。一名110台接警员一年生成的警情记录字数约2 149 700字，相当于2.5本《红楼梦》。

目前，广州110指挥调度系统直达全市15个分局257个派出所及18个交警大队，如今的广州110已经不仅仅是接受群众报案的电话，更多是集日常接处警、服务群众、打击犯罪等于一体的指挥综合体。110创新发展是改革开放40年来平安广州的缩影，随着不断深化改革，平安广州建设的步履从未停歇，保持全国的前列。

刑警们创新刑侦手段强有力震慑犯罪，从双脚走访摸查的人力警务时代，到如今的精准现场勘查、物证检验、人工智能智慧警务时代；出入境民警见证办证量从每年30万到730万的剧增，入境政策实现了从限制到放开的转变；坚守火车站广场派出所民警将火车站广场从“治安黑三角”，变为如今刑事零发案天数稳定保持在250天以上的平安广场。

正所谓“没有岁月静好，只因有人为你负重前行”。公平正义、平安有序的良好社会环境来之不易，正是公安干警们的默默守候，广州人民才拥有了更多幸福感、获得感和安全感。

链接——

大事记

1986年1月10日零时——全国首家110报警服务台在广州成立。

1987年3月——公安部向全国各地的公安机关统一发出了建立110报警服务台的通知。

1997年——广州市公安局正式使用第二套接处警系统，启动了与全市各区分局的电脑联网。

2002年——广州市公安局建设全新应急指挥中心，接警员队伍从40多人增加到160多人。一年后又开通了应急联动指挥系统，落成600平方米接处警大厅，年接处警容量达1800万宗。

2010年——亚运会在广州举行，第三代110综合指挥调度平台应运而生。

2012年——广州成为全国首个接处警工作全市区域统一的超大城市。

2015年——依托110报警服务台，广州市公安局成立全国首家反电信诈骗中心。

2017年底——110通过互联网公司向移动终端的定点精准弹窗，发动社会热心群众协助寻回走失人员79人，每月成功案例数量高居全国各地公安机关第一。

（作者 / 广州日报全媒体记者申卉　侯翔宇）

11 一次采编『品相』的『大阅兵』

“纪念抗战胜利70周年大阅兵”是2015年最重大的报道主题。对于这类全国重大题材，各种媒介、各家媒体的报道铺天盖地，如果说这也是一种新闻报道的大检阅的话，地方报纸凭什么脱颖而出？如果说这也是一种新闻产品的大营销的话，传统媒体靠什么“品相”作为卖点？

广州日报扬长避短，创新形式，在阅兵前夕推出8个大版的观看阅兵服务特刊《茶几必备》，阅兵次日推出17个大版的阅兵解读特辑《胜利日》，力图打造独有特色，发挥编辑整合作用。尤其是《茶几必备》，我们抓住“观看指南”这个突破口，突出打造“茶几必备”这个兴趣点，从满足读者阅读需求上探索独有价值，在这次“大阅兵”中亮出了广州日报的“品相”。

全国重大题材中地方传统媒体的尴尬

实际上，在新兴媒体报道日益专业的格局下，在党报报道要求日益提高的环境下，类似大阅兵这种全国重大题材，传统地方党报尺度受限、内容重复、专业不足、技术欠缺等诸多短板暴露无遗。就此次大阅兵报道来说，我们不妨对比一下新兴媒体和传统党报不同的处境，还是继续套用“品相”这个词，姑且以“品”来观察新兴媒体的内容优势，以“相”来观察其形式优势，看个究竟。

“品”，也就是内容，以往传统报纸往往宣称自己之于新媒体具有无可比拟的内容生产优势，但如今真的还是这样吗？

一是尺度。阅兵兹事体大、重要敏感，传统党报报道无论在消息来源上还是具体内容上，无论在宣传纪律还是保密法规上，都有着极为严格的要求或说限制。就广州日报而言，上面所说的两个特辑内容都是严格整合自新华社、人民日报、解放军报或军网。而反观新兴媒体，无论图片还是文字，无论武器还是部队，无论介绍还是解读，都要自由自在的多。试想，

“纪念抗战胜利70周年报道”版面

当阅兵解读在网上已经铺天盖地花样翻新之时，我们却还在为某种武器名称是否可以公开而纠结，究竟还有多少勇气逞论内容优势？

二是资源。在内容资源方面，地方媒体面对类似全国重大事件也渐无优势可言。在武器解读和部队采访方面，中央媒体具有绝对优势。地方媒体所能做的，除了转载和重复之外，空间似乎有限。我们虽然也能挖掘专家资源，比如采访国防大学教授，但一是限于尺度是不是合适合规，二是限于内容是不是核心重磅，往往寂寥无声。

三是专业。说来惭愧，这似乎本应是传统媒体的优势。但面临的形势和选择的定位，决定了报纸不可能在全国性题材上投入太多。相反，我们可以推测新兴媒体在大阅兵报道上较着劲儿做出巨大投入，如此方能推出一系列内容专业、形式新颖的精品。投入决定产出，两相对比之下，传统媒体的所谓专业性不可避免地大打折扣，往往是“不汤不水”、力不从心。

“相”，也就是形式，灵活有趣讲人话、技术翻新玩3D，这本就是新媒体之于传统媒体的优势。此次大阅兵报道，新媒体的形式优势特别是技术优势一览无余。当报纸美编还在为3D制图而大费头脑之时，新媒体早已不再满足于此，某网3D动画“战争大片”就是其中一个典型例子。它通过虚构中国面对外敌侵犯出动各种尖端武器予以打击的情节，巧妙地穿插拆解和解读中国各类尖端武器的用途、性能、特点等。相比人家的飞机导弹，报纸编辑只能手捏步枪啧啧兴叹。不仅如此，相比电视现场直播，报纸报道只是“纸上谈兵”，说得再精彩也远远不如现场画面震撼、过瘾。

上面大肆“唱衰”地方传统媒体之于全国性大事件报道的逼仄空间，是否就意味着我们真的一筹莫展、无所作为了呢？答案是否定的。我们认为，认清现实，把握自身，凸显特色，重点突破，报纸还是可以发挥自己的作用、体现自己的价值的。

抓住“服务”这个可以着力的选项

下面还是借由“品”与“相”，来考察一下《广州日报》大阅兵报道尤其是《茶几必备》的操作特色。

“品”，内容上的不足，上面说了很多。也正是在这种情形下，我们煞费脑筋，上下摸索，力图在诸多报道中做出自己的特色和价值。

一是特色。刷存在感、为做而做，是没有多少价值的；重复既有的内容，传播雷同的信息，也是无法吸引读者、彰显影响的。报社领导另辟蹊径，提出了服务市民观看阅兵，推出《茶几必备》的思路，事实证明就很好

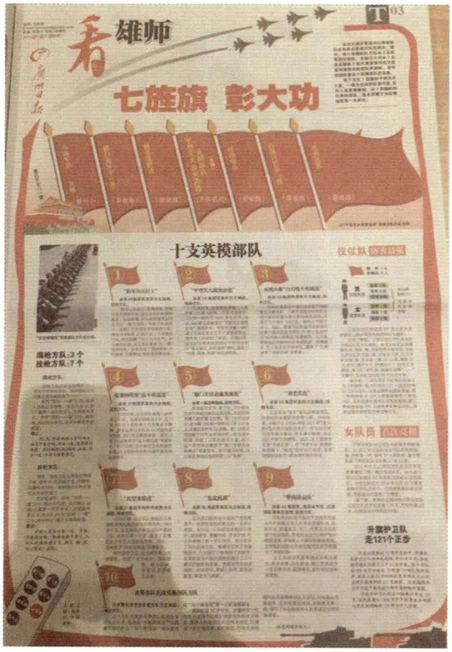

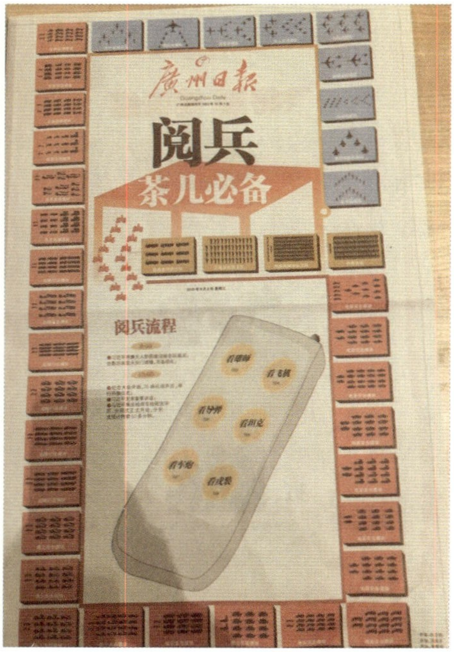

《茶几必备》特辑版面

地彰显了报道的特色、发挥了自己的作用，在铺天盖地的报道中独树一帜，在陈陈相因的信息中让读者眼前一亮。

二是服务。地方报纸的报道要同新媒体、同央媒区别开来，紧密结合读者的需求提供相应的产品，“服务”就是一个可以着力的选项。信息满天飞，报道乱人眼，何况说一千道一万也比不上直播画面来得过瘾，不如认清形势、立足现实，扎扎实实做好观看服务，在各显神通中找到自己的一席之地。

三是选择。必须坚持有所为有所不为，我们没有能力也没有必要求大求全，如此只会在力不从心中失去方向。只有契合读者兴趣，抓住焦点内容，凝神聚气做出特色和价值。比如《胜利日》特辑就在林林总总的报道中，抓住“高朋”“老兵”“将军”“外军”等几大亮点，“揪”住几个兴趣点予以提炼放大。

“相”，形式上的欠缺，也并不意味着我们束手无策。报纸固然无法通过音视频、3D等新技术展现内容，但长期积累下来的采编专业修养和新闻传播渠道，同样可以让报纸在形式上继续实现自己的特色。

一是精致。我们力求充分发挥整合提炼、包装设计等编辑专业积淀，在内容选择、版面设计和标题制作上，颇下功夫，力图体现报纸的精致和产品的专业。比如，《茶几必备》几个版的标题《飞将军　挽长缨》《七旌旗　彰大功》《霹雳电　破苍穹》《轰天雷　啸东风》《钢铁侠　披新甲》《穿云箭　搭快弓》，以及《胜利日》几个版的标题《高朋满座　志和平宏愿》《老兵柔情　替战友受阅》《将军铁骨　驾战鹰首发》《外军步伐　走中国节奏》等，都简短铿锵、工整巧妙，在体现内容性的同时，展现了力求精致的专业性。

二是凸显。在不能面面俱到的选择之下，一旦决定了自己的方向，就要全力以赴、包装设计、凸显特色，争取一炮打响、形成效果。实践证明，在新媒体各种宣传鼓吹、各种“造印象”之下，学会吆喝、懂得包装是非常必要的。《茶几必备》就特别突出“观看之时置于茶几以备查阅”这个概念，尤其是封面设计特别凸显了遥控器的形象，以此来彰显我们的取向，凸显服务的效果，如此就能容易引起读者的注意和认同。

突出本地性贴近性引发共鸣共情

除了创新形式将“服务”做到极致，在“纪念抗战胜利70周年”系列报道中，我们还立足做好贴近性、故事性，持续推出《纪念抗战胜利70周年•广州纪事》《纪念抗战胜利70周年•广东纪事》《纪念抗战胜利70周年•中国铭刻》《纪念抗战胜利70周年•回望抗战中的亚洲》等系列全媒体报道。

其中，《纪念抗战胜利70周年•广州纪事》《纪念抗战胜利70周年•广东纪事》侧重挖掘本土抗争故事，重现沦陷生态场景，挖掘了一大批史料故事，展现了日寇对广东、广州经济社会的破坏，讴歌了广东、广州人民奋勇抗争的精神。《纪念抗战胜利70周年•回望抗战中的亚洲》系列采访见证者、亲历者，记者通过与村山富市、福田康夫等一系列日本政界重要人物的高端访谈，讲述亚洲惨痛往事，展现南洋血脉相连。一系列有血有肉、真实悲壮的纪事和回望，做出了历史厚重感，也引起了读者的共鸣和共情。

大阅兵报道是一次采编大检阅，让我们更加明白地方传统媒体在新形势下如何抉择。在全国性大事件报道中，我们更加笃定——地方党报不能不做，但做不是为了刷存在感而做，而是真正要找准方向发出声音、做出自己的特色和价值；但同时我们也要明白，地方党报在此类型报道中存在种种不足，必须秉持有所为有所不为的方针，坚持把自己有限的力量投入到更应投入的地方。对于日常报道而言，做好本地、做好服务、做好独家、做好深度、做好精品，才是我们更应关注的方向。

广州日报“纪念抗战胜利70周年”两个阅兵特辑取得了良好反响，在获得读者认可的同时也获得省市宣传部门的肯定。比如省委宣传部主要领导在评价《茶几必备》时指出：“广州日报今天的版面创新创意俱佳，让平面媒体活了起来！很鼓舞人心！”

/ 专题范文 /

纪念抗战胜利70周年系列裂报道：
2015年9月3日A2版见报——

致敬，老兵！

“国家兴亡，匹夫有责。”70多年前，无数的中国人怀揣着坚定信念，走上抗战一线，保家卫国、浴血奋战、九死一生。正是当年风华正茂的他们，用铮铮铁骨筑起了抵御日寇的钢铁长城，铸就了历史丰碑。

岁月流逝，英雄的面庞今已布满清晰而深刻的皱纹。抗战胜利70周年之际，本报记者采访了部分老兵，他们是千千万抗日英豪的代表，也是八年艰苦抗战的见证人。回首那段烽火岁月，历史和历史中的英雄值得我们永远铭记。

万云鹏
让日军闻风丧胆的“神枪手”

92岁，云南保山人。上高二那年，万云鹏加入了抗日队伍，被所在部队送到黄埔军校学习。作为黄埔16期的优秀毕业生，过硬的军事素质，加上一手好枪法，在战场上万云鹏成了让日军闻风丧胆的“神枪手”。日军曾一度把他作为眼中钉、肉中刺欲拔之而后快，“我后来听说，日本军队的将领下令，说是杀了我就可以得到5根金条的奖励”。

1944年9月7日，攻克松山时，万云鹏是第十一军警卫营中尉排长。“当时日军的炮火十分凶猛，每排上几百人，几乎都处在敌人的火力点之下。战友们进攻，都是踩着尸体向前冲的。这更激发了大家的血性，誓要与日本鬼子决一死战。”说起当年的经历，老人家眼眶发红。

马益德
15岁参战肩扛手抬救伤员

87岁，江苏建湖人。1944年2月入伍，历任新四军三师七旅二十一团卫生队战士、看护员、卫生员、营卫生所所长。新中国成立后，历任团卫生所主任、一九九医院副院长等职。1983年享受副师待遇离休，曾荣立独获功勋荣誉等7枚勋、奖、证章。

入伍后，马益德成为新四军三师七旅二十一团卫生队的看护员。71年前，正是这个年仅15岁的大男孩用自己年幼瘦弱的脊背挽救了一个又一个战士的生命。没有担架了，他就靠瘦弱的身躯背伤员。他跟着战士们一起冲锋陷阵，看到有战士受伤倒下，他就匍匐到战士身边，在同志们的掩护下，他背起受伤的战士就往后方跑。

文正国
一枪打掉日军重机枪手

94岁，湖南湘潭人。1937年加入税警总团学兵团，后在云南整编加入新三十八师。“我当时枪法很准，军训打靶得过第一名。所以我拿的是德国枪，可以打得很远。”说起当年的“神枪手”经历，老人非常自豪。

回忆起在腾冲的那场战斗，文正国印象深刻，部队发起总攻时，日军的重机枪疯狂扫射，部队伤亡惨重。他接到排长命令：前方二百五十公尺处有挺重机枪，必须不惜一切代价打掉它。“我一枪就把那个日本重机枪手打掉了，随即又上来一个鬼子，我刚退掉膛，子弹上膛马上又瞄准，一枪又干掉了。”

腾冲一战，文正国所在的“一个排差不多全军覆没”，连长谌茂堂也牺牲了，“是师长背下来的，团长李鸿抱着痛哭”。

王守举
空油桶点鞭炮骗晕敌人

88岁，江苏沭阳人。1942年参军，历任副连长、师侦察队副队长。1950

年转业到铁路后，一直在铁路公安部门、铁路运输法院工作，1987年初享受副厅级待遇。

王守举记得，一次战役中，由于敌我实力悬殊，我军缺乏重火器，有枪缺子弹。指挥员不得不研究改变战术。部队先用空油桶点上鞭炮，配合机枪火力制造假象迷惑敌人。碉堡内的敌人误以为我军火力很猛，躲在里面不敢出来。在机枪、鞭炮声的掩护下，我军将上千只死狗投放在敌据点外围的水围里。三伏盛暑，死狗很快腐烂，臭气熏天，桑墟敌据点的两三百名伪军一时间被臭气熏得吃不下饭、喝不进水，纷纷生病倒下，最后不战而降，我军得以收复桑墟。

邓悦照
从巴黎直奔延安并捐赠600法郎

90岁，广东广州人。1940年3月入伍，历任军分区副司令员、顾问等职，参加了抗日战争、解放战争。荣获三级独立自由勋章、三级解放勋章、独立功勋荣誉章；荣立三等功2次。

邓悦照说，1939年，15岁的他从法国巴黎来到了延安，并捐赠了600法郎。“原先打算去延安看一看，就去美国读大学。延安动员我留下吧，不要去美国了。”在抗大学习了一年后，他前往中央军委工作了30多年。“国家有难，匹夫有责，民族正在受苦，所以我留下来参加抗战。”邓悦照说，从没有后悔当年的选择。“路走对了！当时在延安，身边都是十几二十岁的年轻人，30岁以上的人都很少，感到朝气蓬勃。”

卢彩文
少尉谍报员松山前线获取情报

89岁，云南腾冲人。1942年日军从缅甸入侵滇西后，16岁的卢彩文投笔从戎，参加了黄埔军校第19期大理干训团，由于时局紧张，原本需要三年才能完成的军校学业被压缩至一年。

毕业后，他被编入国民革命军十一集团军参谋部谍战科任少尉谍报员，潜伏到云南西部腾冲、龙陵等沦陷区收集日军情报。才17岁的卢彩文还没有什么战斗经验，只能短暂培训之后就上战场。在危机四伏的沦陷区，凭借对当地地形的熟悉，和对当地民风民俗的了解，他获取了不少有价值的情报，后还因获取重要情报被提升为中尉。滇西地区光复之后，卢彩文作为一名教师在讲台上工作了40多年直至退休。

甘衡昌
地下党支部书记发展党员壮大组织

89岁，江苏邳州人。

1943年1月入伍，1943年1月入党。历任干事、队长、指导员、股长、协理员、副处长、处长、191部队副主任、军分区副政委等职，参加了抗日战争、解放战争。荣获独立自由勋章、解放勋章、独立功勋荣誉章、渡江胜利纪念章。

“我入党宣过誓，永远跟共产党走，没有共产党也就没有我的今天。”甘衡昌说，他在邳睢铜抗日根据地占城完小任地下党支部书记多年，发展了很多共产党员，虽然当时我们党还未公开活动，但占城镇周围群众不少人都知道他的身份，“有人还给我起了个绰号叫‘老母猪’，意思是我发展了很多共产党员”。

向本金
冒死抵御　守住工事

89岁，湖南武冈人。1944年冬天，向本金作为一九七师的补充兵员，被编入五九〇团三营七连三班。1945年正月，部队到了湖南石江与十九师会合，向本金被编入一〇〇军十九师第五十七团三营九连机枪班，担任机枪手。

几天之后，在岩口铺前线，连队镇守的阵地遭到日军猛烈攻击，炮声在身边不停响起，向本金和战友们在工事里冒死抵御，最终工事守住，敌人退去，“班长和排长都死了”。

70年之后，向本金收到邀请到北京参加阅兵式，他说：“我们这个团，绝大多数都牺牲了，活下来的，现在也都死了，我能来北京，真是幸运啊，也是荣幸。”

孙光朗
3次荣立三等功

86岁，湖北随州人。1945年3月入伍，1947年3月入党。历任通讯员、卫生员、司药、卫生所所长、副主任等职。参加了解放战争，荣获解放勋章、独立自由勋章，荣立三等功3次。

“我是抗战末期参军，没有（在战场上）直接对上日本人。”孙光朗说，儿时他便亲眼见到了日本侵略者在中国的暴行，烧杀抢掠，无恶不作，甚至连农田里的作物全都被他们破坏了。“他们没办法抢到粮食时，就想出了控盐这招，老百姓离了盐怎么生活，逼着大家拿粮食来换取一点盐。日本对中国的祸害，激起了当时我们整个民族的愤恨。”

孙辅臣
缴获一支日本鬼子的“三八”枪

90岁，江苏阜宁人。1941年3月1日入伍，1941年8月入党，1983年12月离休，离休前为解放军体育学院副院长，副军职。

16岁那年，孙辅臣加入八路军，新兵集训后被分配到射阳独立团岗河大队当文书。孙辅臣所在的部队在敌后参加过数十次游击战、伏击战和攻敌据点等战斗。那时，部队的装备比较差，很多战士背的是“老套筒”“大金钩”，一人只发几发子弹。后来在一次漂亮的伏击战中，孙辅臣缴获了一支日本鬼子的“三八”枪。他说：“这家伙好用，背着它感到很自豪。”

朱洪斌
沿着中印公路一路打到缅北

95岁，湖南浏阳人。1939年中央陆军军官学校招生，朱洪斌考入该校，1941年毕业后被分配到军政部学兵总队重炮第二团任少尉排长。1943年，朱洪斌随部队从昆明飞往印度汀江，后前往蓝姆伽参加集训，之后跟随部队沿着中印公路一路作战打到了滇西缅北。战斗中，朱洪斌右胸右臂也中了弹片，可他当时在战斗中竟然不知道受了伤。“抗战胜利我们狂欢了好多天，因为作战有功我被升为连长。”此时，他大哥来信了，父亲重病，于是朱洪斌请假回家了。

1996年至今，朱洪斌随侄儿养老，终生未婚。

纪耀明
大娘帮他躲过鬼子搜查

87岁，河南林县人。1938年10月入伍，历任译电员和军分区政治部副主任、副政委等职。荣获独立自由勋章、三级解放勋章、朝鲜军功章、独立功勋荣誉章，荣立三等功3次。

1942年是华北敌后抗日战争最艰苦、最困难的时期。纪耀明记得，当年9月反扫荡时，部队被打散后，不满15岁的他跑到一个大娘家躲藏。大娘给他找了一套便衣换上，没多久，几个鬼子便闯进大娘家。几个鬼子端着上了刺刀的“三八”大盖枪，挨个房间搜查。一个伪军指着他问大娘：他是什么人？大娘毫不犹豫地说是她的儿子，把敌人唬过去了。

（注：老兵按姓氏笔画排序）

（作者／广州日报记者张丹羊　申卉　通讯员李洪坛　聂凌）

12

18大冒告诉你『广州过年的1把（18）理由』

“广州过年　花城看花”是近年来广州城市形象宣传推广的重头戏，每年农历新年到来之际都会启动活动。从2018年春节开始，这项活动的宣传策划任务交给了广州日报。如何把这张城市名片擦得更亮？使之在市民中、在全国内都热热闹闹掀起一波传播热潮？2018年年初，广州日报策划推出了“广州过年的一把（18）理由”全媒体传播活动。

一般来说，宣传任务容易落入表面化、套路化的窠臼，板着面孔“高大上”，令人望之生厌。要想达到群众喜闻、客户乐见的效果，首先就要避免“面目可憎”的问题。而为了避免这些问题，最主要的一点就是要做到策划接地气，做到平易近人、容易为读者接受。因此，广州日报编辑团队从揣摩“普通人为何愿意来广州过年”的心理出发，提出了活动的主创意：“广州过年的一把（18）理由”，“18”谐音“一把”，亦契合2018之意。

主创意有了，如何表现？我们想到，最有口碑流量的莫过于明星大咖了。假如能找到18位各界大咖，分别用“口号”形式讲出来广州过年的理由，岂不比连篇累牍地告诉别人广州过年有多好玩有号召力得多？而所谓的“口号”，必须口语化，必须引起共鸣，应该是用平常与老友聊天的口气将来广州过年的一把理由娓娓道来，这样才有感染力。最终，经过工作餐桌上的一场头脑风暴，我们确定了18个口语化口号。

听听这些口号，是不是很直白很接地气？“看够飞雪看飞花　广州过年去”“穿着短袖逛花街　广州过年去”“珠江喊你吹吹风　广州过年去”“跟小白虎握个爪　广州过年去”“不应酬不劝酒　广州过年去”……18个理由涉及美食、靓汤、饮茶、赏花、蓝天、粤剧、利是、血拼、服务、运动等方方面面，凝集了广州各个方面的“卖点”，既贯彻了宣传意图，又自然而然而且理直气壮，另外还颇有一点小幽默的感觉……这些口号都有一个重复式的结尾“广州过年去”，不断回旋形成复调加深印象。

紧接着，囊括广州种种美好的18个理由分别落到18个“适配”的大咖头上，每个大咖分配一个口号，每个大咖提供一张美图，每个大咖占据一个版面，每个大咖录取一段视频……总之，借大咖之口唱好广州过年，借大咖之力推介广州特色。

说实话，这本是新瓶装旧酒，但角度讨巧的策划创意却威力十足。从2018年1月中下旬开始，“广州过年的一把（18）理由”全媒体报道陆续推出，一直持续到大年三十，在羊城甚至全国掀起了一场“大咖喊你来广州过年”的旋风。

全员行动邀请六神磊磊、郎朗、郑智等大咖站台

主创意确定后，随之而来的问题就是落实。在短短的不到一个月的时间里，要邀请到18位大咖，还要完成内容采写、视频录制、图片拍摄等各项工作，工作量不小。

负责项目统筹的夜编中心紧急动员政文、经济、娱乐、副刊、体育等几乎全部报社部门，一起提出大咖人选、联络采访对象。编辑部改变以往单人统筹的方式，成立对接小组，组长全盘掌控进度，每个组员细化任务、各司其职。他们不仅要各自对接部门和记者，还需要跟进采访进度，把关图片和文字质量，直到将大咖、理由、口号、视频完全搞掂才能交货。

《广州过年的一把（18）理由》栏目版面

在整个沟通过程中，问题可谓层出不穷——某位大咖不愿意拍视频啦、某位大咖的普通话不标准要重拍啦、大咖男女比例失衡需要临时调整啦……各种意想不到的问题，都渐次显现出来。然而，正是因为采用小组统筹的方式，才能将责任分担到个人，将问题解决在萌芽状态。最终，各

位大咖都按计划接受了专访，拍录了视频，喊响了口号，为广州“站台”。黄晓明、六神磊磊、霍启山、许鸿飞、杨丽萍、郎朗、何镜堂、郑智等一众大咖依次亮相，涵盖了娱乐圈、艺术圈、财经圈、医疗圈、体育圈等各个领域，群星闪耀。活动在大咖加持下，有了层次，上了档次。

万花筒式呈现将明星效应用到极致

一把理由，18位大咖。每个大咖都拥有一大票粉丝，大咖上档次，流量就升层次。怎样充分利用明星效应扩大宣传效果呢？我们采用了同一套产品万花筒式的呈现方式。

大咖海报：每个版在醒目位置处理大咖照片，文字控制在千字以内，让大咖形象成为版面焦点和重心。海报底图一周一换，随着新年将近，底色渐渐由素雅转向热烈。

《广州过年的一把（18）理由》栏目版面

大咖视频：每个大咖都录制一段不超过10秒的“广州过年去”的推介视频，内容为个性化推介+口号。

大咖口号：每个大咖推介一个过年理由，每个理由概括为一句口号，“××××× 广州过年去”。口号抓住细节，有温度有情绪，必须在视频中体现，最后合辑使用。

大咖漫画：报纸封面导读与后面版面联动，将当日大咖包装成动漫小人，并对下一期出场大咖给出提示，留下悬念。

大咖红包：系列报道接近尾声时推出“看大咖 抽红包”活动，每天在报纸上选取一个关键字，读者凭“密令”在广州日报公众号上抽取红包。三天内数十万用户参与活动，抽取了3万元红包。

大咖九宫格：系列报道中段适逢冬奥会开幕，记者现场抓取9名国际国内运动员，请他们为广州人民送上新年祝福。编辑部周末插播“一把理由”之“番外篇”，制作成“九宫格”形式，让人眼前一亮。

大咖全家福：18个大咖海报刊登完毕，年三十见报“大咖全家福”，让所有大咖在同一个版上大团圆，喜气洋洋。

大咖H5：“大咖全家福”见报同时，推出汇聚18位大咖的动感H5，再一次刷爆流量。

14家副省级城市党报“小伙伴”联动推介

宣传推广任务的一个要求，就是要让“广州过年　花城看花”传遍全国，唱好广州形象，讲好广州故事。这一目标要求我们在传播范围上必须大格局、大手笔，跳出报纸走向全媒，跳出广州走向全国。

《广州过年的一把（18）理由》栏目版面

立足于这一思路，我们确立了全媒传播、全国联动的报道布局。首先，在传播媒介选择上，我们除主报之外，还动用了广州参考客户端及公众号、广州日报客户端及官方微博微信、大洋网等集团全媒体矩阵的全部传播媒介；其次，在产品形态上，使用了图、文、视频、H5等全部形态，而且每种形态的产品都力求精益求精、异彩纷呈。在互动环节上，抽红包活动极大地调动了读者参与热情，在短短三天时间里，就有数十万用户参与活动。

同时，为了在全国主流权威媒体扩大“广州过年　花城看花”的品牌效应，我们联络了全国14家副省级党报“小伙伴”，发起党报大联动。我们还联络了人民日报客户端、新华社客户端、环球网、今日头条、澎湃等平台，请求他们对活动予以支持。全国平台的联动转载，让“广州过年　花城看花”成为波及全国的传播活动。

凭借大咖加持、全国联动，“广州过年　花城看花”得到了读者网友的认可，全媒体传播覆盖上亿人次。同程旅游、蚂蜂窝等业内机构发布的《2018春节亲子游攻略》显示，网民对广州旅游的关注度首次超越三亚，成为国内春节最受欢迎的亲子家庭旅游目的地。

“广州过年的一把（18）理由”圆满完成了城市形象宣传推广任务，多次受到上级肯定。此后的2019年、2020年春节，广州市委宣传部继续委派广州日报策划传播“广州过年　花城看花”，我们策划创意的“千年花城19看”“爱你爱你（2020），我的广州”再度连续卷起春节旋风。

/ 专题范文 /

《广州过年的一把（18）理由》专栏：

2018年2月9日6版见报——

跟小白虎握个爪 广州过年去

大咖站台——逛花市，广州人最期待的春节玩乐

在国际钢琴大师、联合国和平大使郎朗眼中，广州是一个四季如春的城市。在广州过年，别有一番韵味。尤其是，当他在外国度过了许多“冷冷清清”的春节之后，华人过新年的那一份热闹气氛，就更令他觉得难能可贵了。

郎朗说：“因为求学的需要，十多岁后，我就比较少过春节了。很多时候，春节都是在国外度过的。那里的确没有什么气氛，跟在国内完全没得比。”

“我记得有一年，我在芝加哥表演完，出来一看，街上冷冷清清的——因为外国人不过春节啊。当时就感觉，怎么这么难受啊？有一种被抛弃的感觉。从那时起，我就想，春节一定要在国内过。”

“越到后来，我就越是怀念小时候过年的感觉。那时的春节，每顿都是满汉全席，酸菜、小鸡炖蘑菇、东北乱炖、锅包肉……菜一盘一盘往上叠，到最后都堆成塔了。太过瘾了！现在想想都直流口水。那时大家住的房子都不大，春节期间大家互相串门，今天在你家吃，明天在他家吃，那感觉，真是说不出的热腾。”

这些年，因为演出的缘故，郎朗也在广州感受过春节的气氛。他坦言，自己被那种别具一格的氛围“震”住了。

“我在广州、深圳都有很多演出，基本上每年都会来好几次。但当我第一次在春节来到广州时，我还是有些吃惊。因为以前在沈阳过年时，印象中都是冰天雪地的，戴着围巾、帽子，嘴中冒着白烟，整个人包裹得严严实实。但在

广州过年时，城市却是一派春暖花开，阳光和煦，有时穿件单衣就行了，感觉像东北的夏天一样温暖。我会有一种错觉：这是冬天吗？怎么感觉像夏天一样啊？这种感觉真是太爽了，跟在东北过春节的感觉太不一样了。”

“说起在广州过年，就不得不说迎春花市。在整个春节期间，我发现家家户户都摆着花，并且还不止一盆。这才知道，原来广州人过春节时都要买花的。迎春花市是广州传承了多年的习俗，也是广州人的一场盛会。一年一度的迎春花市繁花似锦，人山人海，热闹非凡。花市不仅成为独具韵味的岭南春节习俗，也成了中国独一无二的民俗景观，还融合了广州人‘讲意头’的传统，形成了自己独特的花卉语言。逛花市，也成为每个广州人春节期间最期待的一场玩乐活动。”

目前，“广州过年 花城看花”的盛誉已在全国叫响。对此，郎朗说：“我听说广州人必备三种花：金橘、桃花和水仙。只要我留在广州过年，我肯定也会‘入乡随俗’，买些鲜花回来，让屋子里充满淡淡的花香，满眼姹紫嫣红。那心情，别提多舒畅了。”

最后，郎朗通过本报提醒广大读者：在广州过年，除了逛花街、赏美景、品美食以外，还有小蛮腰、长隆这些好玩的景点。尤其是2017年《财富》全球论坛在广州举办，更是给广州的面貌带来了巨大的变化，令这座城市变得更美、更吸引人。

所以，今年春节，就来广州过年，跟小白虎握个爪吧。

粤式趣玩——
犬护祥宅　人过福年

广州是一个善于享受人生的城市。“识食识叹”（会吃会享受）是许多街坊的生活信条。广州人擅于玩，擅于制造快乐。这份创造力，在一年一度难得的春节假期之中，更是被发挥到极致。

迎春花市，就是广州人对新年玩乐方式的一个创造。将明清时寻常的花卉市集，做成今天的全民娱乐派对；从在五仙门码头单纯摆卖素馨和茉莉两种年花，到如今包罗万有，集游玩、美食、表演于一体，演变出水上花墟、水上飘色、非遗展示等缤纷形式……花市，时至今日，依然是广州人创新点子的大舞台。

今年，在海心沙，花市的形式更是获得了时尚的革新。在这里，“花”不再仅仅被作为展品呈现，更变成了一种设计理念。花瓣被运用在活动场地的设计之中，结合科技、休闲、茶艺、花艺、图书五大板块，让游客体验到都市生活与春节文化相结合的别样魅力。

就算是传承多年的灯会，都在年年努力做出自己的独特。例如广州最大的花灯展——越秀公园花灯会，除了保留传统的花灯、摄影展、猜灯谜等一系列游园活动之外，更增添了花灯邮局等新颖内容。对于近年大热的“文创”主题，主办方也加以吸纳，与北京颐和园联手推出特色文创产品展览，务求让游客尽兴而归。

新年灯光音乐会，是花城广场今年一个耀眼的呈现。从南广场迎春吉祥树开始，沿途设置Logo（标识）花坛、光之树、桃花林邮局，配合布局精妙的大型城市灯光表演，将城市东部变成一个梦幻的视觉舞台。

踏出花城广场，走进天河体育中心，你还可以碰到往年少见的花车巡游和展览。花车以时令鲜花装点，结合独具广府文化特色的设计，在新春游乐项目里，是一份难得的视觉享受。

云台花园也是经典的春节游览胜地。2018年，主办方引入了一个新概念：绿雕，以鲜花为媒、绿植为骨，在园中雕出一派岭南风情。在这里，你可以看到“西关小姐”“以花会友”，感受到与往年不一样的韵味。

2018年的广州春节，不但有一片欢乐，更洋溢着浓浓的新鲜感。留在广州过年，在姹紫嫣红里感受那份独特年味，是新春佳节之中，一份珍贵的体验。

（作者 / 广州日报全媒体记者肖欢欢）

13

大咖大师领事百姓齐品『和味亚洲』

文明因多样而交流，因交流而互鉴，因互鉴而发展。2019年5月在北京举办的亚洲文明对话大会是我国一项重要的主场外交活动。作为亚洲文明对话大会的重要配套活动，广州和杭州、成都联手，共同承办亚洲美食节。

办好广州亚洲美食节，肩负着展现多彩文明、凝聚亚洲力量的国家使命。作为东道主媒体，广州日报接到策划报道任务后，随即召集最精干的全媒体采编力量投入其中。在活动正式启动的三四个月之前，我们就制定了报道计划，并不断细化完善，数易其稿，最终形成了一揽子传播方案。

美食，是城市的名片，也是文化的载体。那么，在亚洲美食节报道中，广州该如何向世界展示“食在广州”这张名片？如何凸显“和味亚洲”这个主题？我们抓住“美食可以跨越民族和国界、可以超越文化隔阂”这个特点，不仅注重讲述美食背后的故事，挖掘背后深厚的文化积淀，更着重展示从古到今广州和亚洲各国文明的互融互通，反映广州开放包容的城市特质和广州人生猛淡定的人文性格。为此，我们邀请不同的人群一起来讲好广州美食故事，一起来品读广州美食文化，一起来传承亚洲美食文明——

《广州味道19探》栏目版面

《不出广州　吃遍亚洲——领事为你推荐在广州的本国美食》请来了各国驻穗领事为喜欢的粤菜“站台”，为本国在广州的餐厅“拉客”；《广州味道19

探&广州味道品鉴官》请来蔡澜、冯骥才、刘涛、霍启刚等19位来自国内外的名人大咖讲述自己的粤菜记忆，多维度挖掘广州饮食文化背后的城市特质和人文精神，让大咖给美食节掀起流量旋风；《粤菜大师传奇》则聚焦引领粤菜文化潮流的粤菜大师，听他们讲述粤菜传承故事，挖掘美食文化精髓……我们还在全媒体平台发布了校园美食征集令，征集广州各所学校的明星招牌菜，让千万学子加入这场“美食总动员”；推出《心愿料理屋》系列短片，征集普通人的美食心愿，帮助他们圆心底最温暖的梦。

一时之间，大咖、大师、领事、百姓齐齐加入“美食”朋友圈，生动诠释了“和味亚洲”的深刻内涵。广州亚洲美食节成为一场全民参与的时代盛事。

创意：联手大师研发历史文化名菜

为了将全民参与和广州美食文化的深厚底蕴完美融合，采编团队策划了《大师定制》栏目，与5位粤菜大师合作研发10道广府历史文化名菜，并通过“吃历史文化菜肴，送锦鲤”活动邀请读者共享这场历史名宴。

广州味道19探 第1探

“食在广州”两千年前初见端倪

蔡澜：我的美食乡愁是粤菜

开篇

广东煲汤艺术可谓登峰造极

广州亚洲美食节

《广州味道19探》栏目版面

陆贾来使、太史田鸡、月影燕侣……这10道名菜的历史最早可追溯到南越王时代，时间轨迹穿越古今两千年。为了研发10道文化名菜，记者和粤菜大师一起查阅古书史料，探访高龄粤菜粤点泰斗，从书中、名师口中以及坊间追寻历朝历代的代表性佳肴及其背后典故，经过反复研试终将其推出面世。从烹饪技法与味道挖掘上看，10道名菜重现了古老的烹饪技法，其中不少菜肴的

《和味亚洲》特辑版面

烹饪技法已经很少有人知道了。除了邀请读者品尝这些文化名菜，我们还通过线上线下活动和大咖送餐实时直播，让大众得以共享历史佳肴，领略“食在广州”的千年底蕴。

“校园里的美食评选”也是调动起全民热度的一个典型案例。这场评比独辟蹊径，让最活跃的年轻人加入到文化盛宴之中，从而让美食节变得更加斑斓多彩。此外，“不出广州　吃遍亚洲”抖音比赛则让国内外“吃货”参与进来，共同为美食节欢呼喝彩……

走心：《心愿料理屋》成为温度“爆款”

传播制胜，内容为王。在策划组织亚洲美食节报道的过程中，主创团队一直在想，除了调动起各方参与、传达好广州美食蕴含的各种特质，美食本身凝聚的爱和温暖的故事是最质朴、最打动人的，假如能以此为切入点做一些“小而美”的精品，对传播来说肯定会锦上添花。

因此，广州日报联合广州各大五星级酒店的星级大厨策划了一个美食治

《和味亚洲》特辑版面

愈系节目——《心愿料理屋》，通过讲述几位普通人“实现美食心愿”的真实故事，见证美食背后蕴藏的爱的力量。第一位来到心愿料理屋许下心愿的是一位患尿毒症的父亲，他的心愿是想让儿子吃上龙虾。经过报社和五星级酒店大厨的努力，这位父亲终于让懂事的儿子圆了心底的梦。小小的故事，因为蕴含着真情而“泪点”频出，赚足了受众的眼球和感动的泪水。创作团队从一开始就不断进行头脑风暴，多渠道征集故事，深入发掘情感内涵，力求触摸到大家心目中最温柔的部位，使短片成为一个以情动人的文化产品，也成为广泛传播的“爆款”。

在亚洲美食节系列报道中，走心的类似精品还有很多。5月19日推出的8个大版《和味亚洲》特辑也是其中一个代表。特辑巧妙创意、精心包装，以壶、勺、煲、蒸笼等亚洲传统烹饪工具为形式，分别以“沏一壶领事家国情”“调一勺百姓心头好”“煲一锅中西大融合”“蒸一笼湾区美愿景”为主题，采用大气的跨版形式，不仅将广州日报此次亚洲美食节的多个系列产品进行整体梳理和精炼呈现，还特别阐述了习近平总书记在亚洲文明对话大会开幕式主旨演讲中提出的亚洲各国应当“相互尊重，平等相待”“美人之美，美美与共”“开放包容，互学互鉴”“与时俱进，创新发展”等重要论述，将亚洲文明对话大会的主旨和内涵进一步升华。

和味亚洲

美食千味

亚洲文明对话大会

广州亚洲美食节

美人之美，美美与共

调一勺百姓心头好

本报《广州味道19样》系列从19个角度细剖广州美食文化

同时邀请19位各界大咖向世界推荐心中最美好的广州味道

6

7

《和味亚洲》特辑版面

传播：各大平台联动掀起全民狂欢

美食本就是一场全民狂欢。亚洲美食节期间，我们调动了各种传播手段，给这场狂欢增加热度。

比如，在新媒体传播上，文图、动图、直播、视频、原创歌曲MV、手绘长卷、H5、线上线下互动活动等方式齐齐上阵，真正做到了多手段呈现、多渠道传播。我们还充分发挥美术创意团队的特长，将40多种亚洲、广府美食和点滴美食记忆巧妙穿插，浓缩于一纸之中，手绘成精致长卷，形成一张美食文化的“清明上河图”。《千年广味图》在新媒体各端口和纸媒相继推出后，立即“刷屏”。随后，长卷又在机场、地铁等公共场所联动展出，并推出互动H5游戏和手游，推动了二次传播，获得人民日报客户端等主流媒体转载。

本次亚洲美食节报道，可以说是广州日报近年来利用版面最多、推出全媒体系列产品最为丰富的主题宣传活动之一。4月22日—5月27日，广州日报共推出广州亚洲美食节版面66.5个。凭借着多矩阵的系列产品、精品化的产品内容和多元化的传播手段，亚洲美食节报道的流量不断刷新纪录。其中，“不出广州　吃遍亚洲”抖音挑战赛上线3天总播放量就达到3亿次，至美食节结束时更突破5.1亿次，收到近万条参赛视频；《心愿料理屋》首期故事在抖音总播放量达78万次，在网上累计播放254万次；《广州味道品鉴官》系列视频在网上累计播放超过757万次；《大师定制》系列视频累计播放140万次；广州日报与本地歌手联合创作的主题歌曲《广州味道》MV，发布后即被广泛传播，并由人民日报客户端、新华社客户端等央媒转载和持续传唱，累计播放超过270万次。

/ 专题范文 /

亚洲美食节报道之《心愿料理屋》第一期：
2019年5月15日5版见报——

心愿料理屋题记：

在这个城市里，每天都有很多温暖的故事发生，或关乎爱，或关乎成全，很多爱和成全都跟美食有关。正值广州亚洲美食节，我们联合广州各大五星酒店的星级大厨特别策划了一个美食治愈系节目——《心愿料理屋》，为的就是见证这些爱的奇迹。第一位来到心愿料理屋许下心愿的，是一位患病的父亲，他想让他的儿子吃上龙虾。他的愿望实现了吗？请扫二维码观赏。如果您有什么心愿，也欢迎来到“心愿料理屋”许下您的心愿。心愿邮箱：123676675@qq.com。

《心愿料理屋》：患尿毒症爸爸帮儿子小隽圆了龙虾梦

爸爸，请等我长大

去年9月，一份由一个8岁男孩填写的家庭一周晚餐菜谱让无数网友泪崩。男孩叫小隽，是广州市海珠区一所小学的二年级学生。在老师布置的“菜谱作业”中，不少孩子的菜谱写了满满一页，而小隽的晚餐菜谱却只有一行，而且每一天都只有一项：蒸水饺、煮云吞、煮面条、蒸包子……让人心疼的是，这一行笔迹稚嫩的菜谱背后，隐藏着一个关于爱与责任的故事。

“我儿子一直就梦想能吃上大龙虾，我想给他一个惊喜……”日前，小隽的爸爸余智衍走进了广州日报为广州亚洲美食节而特别策划的一个美食治愈节目——《心愿料理屋》，讲述了他和小隽之间的父子情缘。

因为尿毒症而停止工作的余智衍，身材高大，但一脸病容，全身长满了黑色的脓包。在他的描述里，小隽有着与年龄极不相符的懂事。那种懂事，让人心疼。

担心自己没有机会报答爸爸

6年前，余智衍跟妻子离婚了，带着小隽一起生活。4年前，他患上了尿毒症。他停止了工作，每月领取低保，与小隽相依为命。

尽管生活拮据，但并不影响父子俩相处时的快乐和默契。

小脸圆圆的小隽开朗乐观。他很爱笑，一笑就露出不太整齐的牙齿，憨态可掬。回家时，他会远远地欢声呼喊：爸爸，我回来了。进屋时看到满屋的气球，他张大了嘴，睁大了眼睛连连惊呼——“哇”，脸上绽放的灿烂笑容有如夏日阳光。

他会搂着爸爸的脖子撒娇，他会亲昵地用自己的小脸去贴爸爸的脸，他会让爸爸张开嘴，夹一筷子菜送进爸爸的嘴里，他和爸爸一起吃着饭，因为一件小事儿就笑得前仰后合，抱着爸爸的腰或者躺在爸爸的怀里……他说只要能跟爸爸在一起，即使吃白饭也是开心的。

小小的他，早已学会了独自上学，学会了照顾爸爸。他已经是家务小能手，他把衣服铺在床上，踮着脚叠衣服，他用比他还高的长拖把拖地，他踩在高高的凳子上在洗碗槽洗碗，手法娴熟，有条不紊……

他说，他会努力学习，长大多挣一些钱给爸爸花。他最最担心的是，爸爸等不到他长大，哪一天会突然倒下，他没有机会报答爸爸。

愿倾尽所有给儿子一个惊喜

病痛缠身的余智衍说起儿子小隽，满眼都是疼爱和怜惜。他爱儿如命，他说儿子就是他的守护神。他会满脸宠溺地望着儿子笑，他会张开嘴巴说长长地一声“啊”，然后接住儿子送到嘴巴里的菜，他会用力抱住扑过来的儿子……他会叮嘱儿子，一定要牢记妈妈的电话，如果有一天，爸爸不再醒来，一定要去找妈妈。

余智衍说，拥有一个这样懂事体贴的儿子，是上天对他的眷顾。“可能正是因为拥有了一个这么好的儿子，所以才花光了我所有的运气。”

说起那张让无数网友泪目的菜谱，余智衍说，他心中对儿子有着无限的愧疚和自责，可是他实在没有能力为他做更丰富的饭菜。如果能给儿子带来惊喜，他愿意倾尽所有。

他来到“心愿料理屋”许下心愿：“我儿子一直梦想能吃上大龙虾，我想给他一个惊喜……”

泰戈尔在一首写给父亲的诗里写道：“假如我今生无缘遇到你，就让我永远感到恨不相逢。让我念念不忘，让我在醒时梦中都怀带着这悲哀的苦痛。”

说的可能就是这样的一双父子。

剧透一下：小隽最后吃上了五星酒店大厨精心烹制的龙虾大餐。可是，这时候小隽又扔了一枚催泪弹……他做了什么，又说了什么？

（作者／广州日报全媒体记者黄蓉芳）

/ 专题范文 /

亚洲美食节报道之《和味亚洲》特辑：
2019年5月19日3版见报——

文化的盛宴　文明的华彩

孟夏时节，万物并秀。首都北京惠风和畅，五色交辉，喜迎八方宾朋，共襄文明盛举。

“文明因多样而交流，因交流而互鉴，因互鉴而发展”“文明只有姹紫嫣红之别，但绝无高低优劣之分”……习近平主席在亚洲文明对话大会开幕式上的主旨演讲，引起与会嘉宾广泛共鸣，引发国际社会热烈反响。从开幕式到分论坛，从文物联展到美食盛宴，从影视大咖对话到“最炫亚洲风”来袭，从北京到杭州、广州、成都，广袤的中华大地上，一幅文明交融的美好画卷徐徐铺展。

此刻，距离首都2000多公里的花城广州，正以美食文化的协鸣，生动诠释着“多彩、平等、包容”的中国文明观，展示着中华文明亲仁善邻、协和万邦的处世之道。作为亚洲文明对话大会的重要配套活动，广州亚洲美食节以美食为媒介，以文化为核心，以城市为舞台，书写美美与共的动人篇章，奏出民心相通的动人交响。

一种直抵人心的世界语言

美食，人类文明的起点。古人云，“民以食为天”。食，是人类生存的第一资源，是人类生活的基本要素。“上古之世，民食果蓏蚌蛤，腥臊恶臭而伤害腹胃，民多疾病。有圣人作，钻燧取火以化腥臊，而民说之，使王天下，号之曰燧人氏。”关于饮食，各民族都有美丽传说。饮食，见证着人类从野蛮走向文明的脚步。

美食，也是一种无须翻译的语言。可以跨过民族、国界，超越文化隔阂。美食，又与音乐等艺术不同，它门槛低，亲和力足，互动性强，拥有最广泛的“群众基础”。正因此，美食成为人类增进感情、友谊、信任的桥梁，成为文明交流互鉴的通行语言。

将镜头倒回至历史深处——中华文明是在同其他文明不断交流互鉴中形成的开放体系。丝绸之路上，声声驼铃见证着中西文化的互动交融；郑和下西洋，滚滚波涛传递讲和通好、观风问俗的声音。在商贾云集的丝绸之路上，中亚、西亚的商人将香菜、菠菜等引入广州，葡萄、石榴、核桃、胡萝卜等蔬果自西域传入中原，饺子在蒙古、俄罗斯、伊朗等不少国家成为美食，日语中的烧卖一词正是源于粤语的发音……美食，讲述着文明交流的动人故事，揭示着“文明因交流而多彩，文明因互鉴而丰富”的深刻哲理。

再把目光聚焦到花城广州——在珠江两岸，一个绵延10公里的亚洲美食文化长廊，惊艳亮相；在海心沙，独具亚洲文化特色的文艺展演和美食集锦等活动，人气爆棚；亚洲美食主题灯光秀别具特色，水上流动的亚洲美食餐厅引人入胜；再加上日本和食表演、韩国美食漫画特别展、韩国乱打秀、泰国啤酒和美食品鉴、印尼舞蹈表演、尼泊尔少年说分享演讲……款款美食，跨山越海，汇聚广州；不同文化，各呈异彩，交相辉映。

这是文明的对话。正如习近平主席所指出，“一切美好的事物都是相通的”，“每一种文明都是美的结晶”。美食，也是如此。亚洲美食节不是中华饮食文化的个人秀，而是一场亚洲风情的大联欢。餐桌上，美味同场“竞技”；舞台上，演出精彩纷呈；论坛中，思想共享互动……和合共生，琴瑟和鸣；美人之美，美美与共。

这是情感的连接。思想同思想的碰撞，会迸发智慧的火花；情感与情感的交流，会拉近心灵的距离。广州亚洲美食节，让味觉成为友谊的桥梁，让人们透过一道道菜品、一场场表演……加深对彼此文化的理解和欣赏，生发关于平等对话、融通合作、共同发展繁荣的美好愿景。国之交在于民相亲，民相亲在于心相通。美食，唤起人们最深处的共鸣。

美食之约，应者云集。文明如水，润物无声。广州亚洲美食节，肩负国家使命，展现多彩文明，凝聚亚洲力量。广州充分发挥国家中心城市和综合性门户城市功能，展现国际交往优势，全力办好亚洲美食节，这是广州的使命担当，将为深化亚洲文明交流互鉴注入正能量，为推动构建亚洲和人类命运共同体贡献广州力量。

一张开放兼容的文化名片

置身亚洲美食的百花丛中，“食在广州”，花香袭人，魅力独特。尼泊尔驻广州总领馆代总领事班贾德直言：“在来到广州的第一天，品尝当地美食时，我便被其深深吸引了。”

“广式饮茶，如果你每天只吃一样，你要花一年以上的时间才吃得完。”新加坡国家工程院院士李德纮如此赞叹。

美食，是城市的名片，是文化的载体。从清蒸鱼到马蹄糕，从萝卜牛腩到番薯糖水，从珠江里的鱼、南海的虾到增城田野中的菜心，广州的万千味道里，看得见青山绿水，浸透着岭南韵味，凝结着世代匠心……一饮一啄，可见生活美学；一杯一箸，展现文化风姿。

“食在广州”，兼容并蓄的文明果实。早在2000多年前，南北风味已共聚南越王盛宴。春秋战国时期，广州已有船舶出海贸易，从马来西亚进口甘蔗、槟榔等“特产”；元明时期，来自东南亚的苦瓜开始成为广州餐桌上的“常客”；清代，最早的西餐经由广府传入中国……广州一直是中国与世界各国文明交流互鉴的窗口。在这里，中外文化相互传播与接收，相互影响与融合，川流不息，生生不已。来自五湖四海的乡音，来自天南海北的美食，记录着广州一串串走向世界的足迹，展现着这座城市海纳百川的胸怀、兼容并蓄的气度。

“食在广州”，展现务实创新的城市风采。苏菜中的松鼠鳜鱼，来到广东后“变身”菊花鱼；西餐调味汁（sauce）漂洋过海，被改造成粤菜的酱汁调味法；来自港澳的现代餐饮理念、餐饮经营方式，率先在先行先试的广州开花结果……从南越国的“BBQ”铜烤炉，到太平馆的法国田螺、烧荷兰牛肉、葡国鸡，再到中国第一家中外合作的五星级宾馆，从古至今，“食在广州”以创新的姿态融汇东西南北，不因循守旧，不拘于一格，更不停滞不前，而是以“有传统，无正宗”的态度推陈出新，以新意迭出的探索不断擦亮品牌。

不拒众流，方为江海。“食在广州”是广州城市文化的生动缩影，它用千年的实践证明：一种文化越是善于借鉴外来文化，就越具有旺盛的生命力；一座城市越是开放创新，就越具吸引力、辐射力。如今在广州，美食星罗棋布，食客人头攒动，来自世界各地的吃货都能心满意足，再冷门的菜系都有自己的空间和拥趸。“食在广州”这张名片，展示着广州悠久深厚的文化底蕴，展现着广州敢为人先、开放包容的城市精神。广州何以成为千年商都？何以跻身世界一线城市？从这座城市的美食密码中，人们能找到答案。

“任何一种文明都要与时偕行，不断吸纳时代精华。”当前，广州正以坚定的文化自信打造社会主义文化强国的城市范例，着力建设国际交往中心，打造对外文化交流门户。“丝路花语——海上丝绸之路文化之旅”持续远航，“广州文化周”不断圈粉，“食在广州”在一个个国际高端会议惊艳亮相——美食，将继续记录广州扩大开放的脚步，见证广州以更自信的姿态参与到世界文明的交流之中。

一扇出新出彩的城市窗口

一滴水可以反映出太阳的光辉。

对于来到广州的各国宾朋而言，不论是粤菜、广州还是亚洲美食节，都像一滴水、一扇窗。透过这扇窗口，我们能看到一个更加繁荣多彩的亚洲，一个更加精彩立体的中国，也能更深入地了解广州，感知这座老城市的新活力、新风采。

透过这扇窗口，体验宜居宜业宜游的城市魅力。美食，远看是文化，近看则是生活。广州饮食中，烹调的精致、煲制的耐心、品尝时的一个“叹”字，都是生活的艺术，无不指向群众的获得感、幸福感。此外，繁花似锦的街巷，流光溢彩的夜景，一江两岸的文旅盛宴，干净整洁平安有序的城乡环境……凡此种种，足以管窥宜居宜业宜游的城市品质，让人领略幸福广州的精彩。

透过这扇窗口，感受老城市焕发出的崭新活力。一幅《千年广味图》将40多种广府及亚洲美食熔于一炉，一首《广州味道》唱出了这座城市对于美食的深厚情感，一场名为“不出广州　吃遍亚洲”的抖音比赛让国内外“吃货”参与进来……活动策划新意盎然，文化产品“爆款”频出，广州亚洲美食节以美食、科技、时尚、文旅、文艺等，全面展现着这座老城市的蓬勃生机、澎湃活力。

透过这扇窗口，遇见粤港澳大湾区的广阔未来。广州亚洲美食节不只是广州的舞台，也是共建人文湾区的机遇。《粤港澳大湾区发展规划纲要》提出，支持香港、澳门、广州、佛山（顺德）弘扬特色饮食文化，共建世界美食之都。广州亚洲美食节推介会先后在四地举行，粤港澳大湾区美食研究院成立……以小见大，见微知著。美食的通力合作，只是粤港澳大湾区建设的一个生动缩影。当前，广州正紧紧扭住粤港澳大湾区建设这个“纲”，举全市之力抢抓机遇，不断强化粤港澳大湾区区域发展核心引擎功能，共建国际一流湾区和世界级城市群，打造高质量发展的典范。大湾区建设，空间广阔，广州发展潜力无限。

以“食”连接世界，以“味”打动人心。

让文明交相辉映，让情谊历久弥新。广州亚洲美食节，呈现斑斓多彩的文化盛宴，展现文明交流互鉴的动人力量。

文明对话，从历史深处走来，向远方无限延展。未来之中国，必将以更加开放的姿态拥抱世界，以更有活力的文明成就贡献世界。未来之广州，亦将进一步提高站位，勇担使命，讲好中国故事，在与世界文明的交流互鉴中持续焕发新活力，展现新风采！

（作者／广言）

14

《财富》全球论坛｜半CEO被『逮』到了

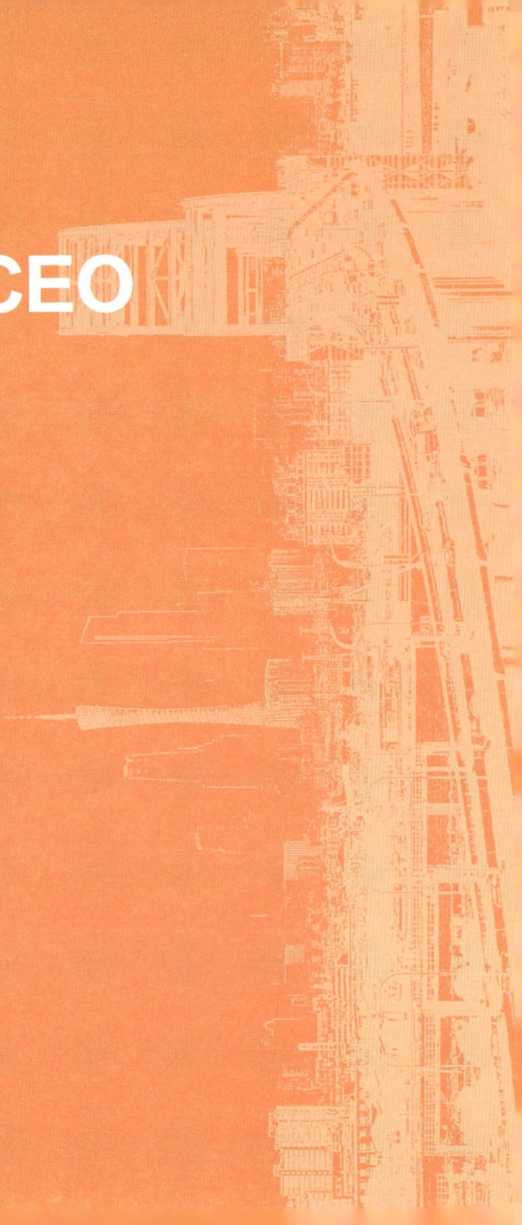

2017年12月6日，广州全年最重大的主场活动——《财富》全球论坛开幕，包括152家世界500强企业在内的近400家中外企业集结羊城，千年商都掀起一场“财富热”。

此前，《财富》这一全球最著名的财经论坛已在上海、香港、北京、成都等国内四个城市举办，广州是第五个接棒的城市。作为主流大报，广州日报主场作战。横向，有来自国内外多家媒体同场竞技；纵向，前四个城市在《财富》论坛举办期间均奉上了精美的新闻大餐。如何将这场以“开放与创新：构建经济新格局”为主题的国际盛事报道好，更好地发出广州声音、凸显广州特色？

2017 广州《财富》全球论坛

马云表示要时刻保持忧患意识 像小公司般运营

担心掉队 夜夜难睡

丁磊诉说与广州渊源 称城市环境是广州“最大财富”

活在广州 非常幸福

《财富人物》版面

发力点还是瞄准了“人”。办好《财富》论坛虽是市委中心工作，又侧重财经领域较为专业，但有超过1000名中外各界代表出席本届论坛，参会500强企业数量及CEO数量均突破历年之最。如此阵容的大咖军团齐聚广州这座“开放之城”“机遇之城”，将会带来哪些国际商界最前沿和最富远见的观点和看法？此外，几十位各领域的中国企业领军人参会，他们对国际商业领域前沿变化有哪些思考？对中国企业国际突围有哪些谋划？针对数字化和全球化这两大全球热点，全球各路嘉宾在论坛上又会碰撞出什么样的火花？大咖们对广州这座得改革开放风气之先的城市未来的发展又有哪些真知灼见？这些问题，必定是全球关心的话题，也是最有价值的内容。而从传播的角度来说，大咖自带的光环，也是拉近报道与普通受众距离的“制胜法宝”。

因此，早在当年10月，报社领导就确立了“瞄准高端人物，遍访中外大咖”的报道思路主线。随即，调动高端人脉资源、提前预约对接大咖、组建英语专业记者团队等工作在全报社紧锣密鼓展开。在人力资源投入上，确立了集全报社之力将报道好《财富》论坛作为中心工作头等大事的指导思想，调集了最精锐的采编力量，上百名编辑记者加入采访报道中来。

最终，《财富人物》《大咖说财富》《大咖赞广州》等栏目会前、会中有节奏铺陈，大红包封套将《恭喜发财》《花开广州》64版财富双特刊在大会开幕当日送入会场，手绘《财富纸》在论坛闭幕当日将《财富》热度升温至沸点。轰轰烈烈，大咖集结，羊城掀起一股“财富热浪”。

拼尽火力访大咖　一半参会CEO都专访到了

加拿大总理贾斯廷•特鲁多、苹果公司CEO蒂姆•库克、沃尔玛公司董事会主席Gregory B.Penner、腾讯董事会主席及首席执行官马化腾、阿里巴巴董事局主席马云、富士康科技集团创始人兼首席执行官郭台铭……在策划之始，采编团队即一起梳理了这长长的大咖名单。讲好财富故事，提升广州形象，关键得让这些重量级嘉宾开金口。我们确定了坚持讲好人物故事、对话鲜活生动的原则，要求记者能当面采访的一定要面谈，条件不允许的则通过各种通信工具采访当事人，在《财富》论坛预热、特刊推出、论坛开幕之后三个节点分阶段集中精锐力量对大咖进行专访，根据专访内容，分别推出《财富人物》《大咖说财富》《大咖赞广州》等一系列精品栏目。

比如，12月5日晚，《财富》论坛开幕前夕，我们集中采编精干力量，派出十几路记者对政商大咖“围追堵截”。当晚，近20位大咖集中夜游珠江。这不正是一个绝佳的“堵大咖”的机会吗？多名记者想方设法上船和嘉宾一起面对面夜游交流，大咖们纷纷畅谈对广州的第一印象，感受广州的发展变化。原汁原味的大咖语录就这样呈现在了读者面前。

同样是得益于准备介入早、前期功夫足，论坛举行期间，各路记者将一众

《财富特刊》版面

大咖“一网打尽”，其中还有不少是独家专访。比如，12月6日，《财富》论坛刚开幕，记者们抓住机会，对蒂姆·库克、马云、马化腾、Gregory B.Penne、丁磊、郭台铭等重量级嘉宾逐一访谈，次日的《广州日报》用5个整版报道了他们的精彩发言和访谈。

功夫不负有心人。截至2017年12月9日，我们共计采访报道了国内外政商大咖65人，人数超过出席本次论坛的CEO级别总人数的118名的一半。不论是专访大咖的数量还是质量，均远超其他媒体，做到了人无我有、人有我优，把主场作战的优势发挥到了极致。

手绘《财富纸》 全球富豪巧妙融入千年羊城

《财富》是广州的主场，讲好广州故事、宣传城市形象、增强广州的全球显示度和美誉度，是我们的责任。怎样才能突破语言和文化的隔阂，让全球更好地认识广州？此次《财富》论坛，编辑和美编灵光一闪，用手

《财富纸》封面《财富群英谱》

绘这种直观生动的版面表达形式，用创意和诚意将一个开放包容、生机勃发的广州呈现在全球大咖面前。

12月1日，广州刚刚进入财富时间，我们推出《财富之旅》栏目，一幅《酷炫广州　活力之都》图，将广州地标建筑之精华集纳成图，中西合璧，色彩绚烂。广州这座集千年文化底蕴和时尚炫动元素的现代都市跃然纸上。

12月5日，我们又推出了一张手绘路线图《古今八线　精华尽览》，一图解析《财富》论坛新闻中心安排的8条广州城市采访线活动。手绘地图虚实相映，广州地标式建筑惟妙惟肖，真正做到了古今八线，精华尽览。而在12月6日《恭喜发财》《花开广州》财富特刊中，《玩乐手绘图》《大富翁之旅》则采用中英双语形式，专为外国嘉宾量身打造，让他们对广州的美食、建筑精华一览无余，用最快的速度就能形象地了解广州。

12月9日，收官之战。两大张跨版手绘《财富纸》一横一竖重磅推出。竖版《财富群英谱》打通封面和封底，特鲁多、马云等18位财富大咖的手绘漫画形象神形兼备，妙趣横生。同时，整版集纳了各路大咖在《财富》论坛期间的金句，信息量诚意满满。横版《富贵花开图》工笔勾勒广州盛景，当大图缓缓展开，广州城市美景、名胜古迹、地标精华尽收眼底。更为巧妙的是，多位财富大咖藏身山水美景之间，可谓群英荟萃，星满羊城。我们还发布了“寻人令”，让读者于山水之间找大咖，全部找对有奖品，极大增强了与读者的互动性。

《富贵花开图》版面

特刊“大红包”送到《财富》嘉宾手上

前面提到，在12月6日《财富》论坛启幕正日，广州日报重磅推出64版财富特刊，分别以《恭喜发财》《花开广州》为题，解码《财富》论坛，展现财富影响；讲述广州财富故事，展现广州优势。为使特刊包装不落俗套，编辑团队先后召开多次头脑风暴会，绞尽脑汁想创意，最终确定了切合“财富”二字，凸显广州元素，以“红包”为“形”的创意思路。有了这一鲜明又跳脱的形式，论坛解读、名企介绍、大咖介绍、论坛前瞻等方方面面的内容均被装进“红包”。

不仅如此，我们还真的为参加《财富》论坛的嘉宾实实在在送上一个“大红包”。我们特别制作了一个大红包封套，将特刊封好送入会场。封套上，“Welcome to Guangzhou”一下子拉近了广州与来自世界各地的宾客的距离。开幕式会场里，这一出奇制胜的招数，让不少嘉宾对《广州日报》印象深刻，纷纷为《广州日报》竖起大拇指。

为了让读者有更好的阅读体验，特刊编辑手段上化繁为简，大量运用一图读懂、可视化设计、提炼要点等浅阅读手法。比如标题制作就很接地气，像《财富是什么》《为何是广州》《世界听我说》《会议怎么开》《哪些大咖来》，这些单刀直入的标题让版面内容一目了然。

财富特刊封套

《财富》论坛报道版面

提升《广州靓爆镜》 抓住展示广州形象良机

《财富》论坛期间，广州美景刷爆朋友圈。我们早已步入读图时代，好的图片既能传递信息，也能给读者愉悦的视觉享受。在《财富》论坛开幕前后，恰当地使用好图片，是展示广州城市形象的良机。

12月1日起，《广州日报》一共推出了16个整版的图片专题报道，使用精美靓图超过110张。看看这些标题：《阳光城市 自信人家》《清晨夜晚 各有各魅》《满城花香 满眼璀璨》《水晶之声 天籁迎客》《动感珠江 欢乐同框》，从广州的民俗风情到人文底蕴，从广州的人居环境到生态文明，从广州的珠江云水到满城花香，图片内容包罗万象，精彩纷呈。其中，为了展现广州在粤港澳大湾区的地位，在12月5日还推出一个跨版航拍图片专题，主题鲜明，气势恢宏。

《财富》论坛期间，据不完全统计，广州日报共策划推出了15个不同角度的专题栏目，动用了112个大版。虽然栏目多，但由于大咖访谈栏目有分量、有特色，形式包装见诚意、见心思，真正做到了“上下满意”。

/ 专题范文 /

《财富人物》专栏：

2017年12月7日6版见报——

马云表示要时刻保持忧患意识　像小公司般运营

担心掉队　夜夜难睡

阿里巴巴集团创始人兼董事局主席马云再“造”新词——“赋能”，以此阐述人生观、财富观，回应坊间的种种议论，顺便跟马化腾来一场隔空“对话”，在广州碰撞出世界政商界瞩目的思想火花。

在2017《财富》全球论坛的“新前沿”主题会议上，这位全球最大电子商务平台的掌门人与《财富》杂志总裁、时代集团首席内容官穆瑞澜进行现场对话，探讨商业、创业和可持续发展的未来，分享对中国和世界下一步发展方向的思考。

有现在的成绩是运气好

着眼科创驱动，阿里巴巴投巨资组建顶尖技术团队，一度成为行业热议的话题。马云说，他希望通过技术投入，为大众“赋能”。譬如以一美元出售价值一万美元的技术，以此推动社会进步，让年轻人和大众获益，这是阿里巴巴“如何使用利润的方法”。

为解“赋能”新词，马云进一步用商业理念作阐释：阿里巴巴并非公众眼中的一般电商公司，而是一家“赋能”公司，即帮助大家做电商。

过去30年，中国驶入了史无前例的快车道，后劲如何引发工商界思考。“我每年飞800小时，见领导人、商界领袖。”马云认为，“中国奇迹”会一路延续，“我频繁走访世界各地，越看就越发有信心”。

穆瑞澜问及“阿里巴巴是否已经达到顶峰”时，马云回答：“我们的目标是做一个百年企业，而我们才刚刚18岁，还只是一个小孩。”

为何跨界拍电影《功守道》？马云说，体验生活比整天捧着商业报表“有意思得多”，他喜欢功夫、唱歌，希望过得更开心一点。“我花了10天时间，朝九晚九，没想到拍电影这么辛苦，但很开心。”

马云说，不希望在工作的时候劳累而死，而希望最后的时光在沙滩上度过。要享受生活，要结交朋友，要享受家庭，“我要在世界各地旅游，做一些很愉快、很享受的事情”。

“我出身贫穷家庭，自学成才，没人知道我能有现在的成绩，我运气好。”，马云表示，《财富》论坛的“财富”二字，在英语里是财富，也是运气。为自己的财富和运气而感恩的马云，表示退休后可能会重新走上讲台，做回一个老师，通过传授知识、技术，让更多人获得更强的能力，最终造福整个社会。

阿里与腾讯，被视为中国创新企业界的一时瑜亮。马云赞赏对方是伟大企业，技术上与众不同，非常令人敬佩。“我会跟他们竞争，但不代表我要恨他们。不要恨你的敌人，尊重竞争对手，汲取对方所长。”他还透露，“我和马化腾是好朋友，虽然双方的公司在市场层面存在激烈的竞争，但我们不会恨对方”。

企业不应该惧怕技术

近年来，电商摧毁实体经济的争议不绝于耳。“我们不希望完全摧毁传统商务”，马云表示，企业不该惧怕技术，要拥抱技术，要转变适应，“我希望企业理解，学习这些新模式”。

马云坦言自己不是一个技术人员，曾经惧怕高科技。因为科技带来太多选择，往往意味着无从选择。他形容从第一天开创阿里巴巴起，便面对“80%可能是垃圾，只有20%有价值”的技术投入抉择，一种硬着头皮也要上的处境。

“我们搜寻数据，提高消费体验。”马云说，电子商务的意义在于以此帮助小企业，打通他们进入市场的通道。他们可以通过云计算、电子平台等技术支持，让企业做得更多，尤其能让小企业受益。

马云断然否定阿里巴巴垄断电商市场一说。“没有多少企业敢保证自己能存活五年。”他说，阿里过去经历许多挑战，18年来犹如重生了18次。

“我每晚都睡不好，担心被淘汰、掉队。”马云表示，要时刻保持忧患意识，要像小公司般运营，大公司容易缺乏活力，且当今世界不见得企业规模越大便发展越好，更不代表越大营利能力就越强。

（作者/广州日报全媒体记者　何道岚、申卉、黄蓉芳）

15

『图说广州』：做孩子都能看得懂的科普

科技创新是一个热词。特别对于党媒而言，一方面创新驱动是国家战略，需要不遗余力做好宣传报道；另一方面科技创新又是社会焦点，需要第一时间传递科技成果。对于广州日报而言，还有一层，就是广州正在加快建设科技创新强市，做好科技创新报道更是一项重要任务。

那么做好科技创新报道，除了常规的报新闻、列成就、树典型、讲故事之外，还有没有更加深入人心的方式？编辑部经过讨论，把目光放在了科普宣传上。你就说广州吧，有大型的科技装置，有先进的“智造”流水线，有前沿尖端的科技成果……如果能用一种轻松的表现形式把一系列高大上的科技知识转化成有趣的科普知识，用科普的形式做科创的宣传，是不是能变艰涩为通俗？变枯燥为有趣？

在和科技线记者深入沟通并取得主管部门和行业协会的支持后，编辑部决定在原有的《图说广州》专栏中开设“广州科技解码公开课”系列，用图示动漫的形式、生动简明的文字，解码广州科学装置、科技产业、智造生产线。简而言之，就是用图说的形式做科普，邀请专家做“辅导”，既做新闻又“上课”。

2018年4月10日，《图说广州》之“广州科技解码公开课”正式“开课”。

轻松科普画给你看

《图说广州》是《广州日报》固定栏目，主体思路是用数说方式读新闻、用图示方式看广州。“广州科技解码公开课”的第一节课主讲位于广州的超级计算机天河二号，4月10日推出上篇《解构天河二号》，一星期后的4月17日推出下篇《算天算地算你我》。前者以富于科技感的“画风”解构了天河二号的硬件设施和“居住”环境，后者则以多幅漫画并用的“大富翁”棋盘版式列举了天河二号在生产生活科研中的应用。一炮打红后，“公开课”又相继推出《汽车人总动员》，用跳棋棋盘装入广汽传祺乘用

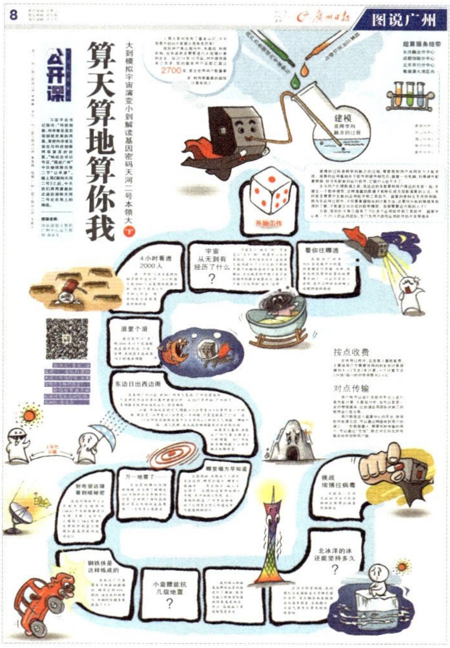
图说广州
公开课
算天算地算你我
大到模拟宇宙演变小到解读基因密码天河二号本领大（下）

《图说广州》栏目版面

车二线上所使用的主力机器人图片，解读从冲压到焊装到涂装再到总装，最后实现74秒下线一辆车的全过程；推出《五秒锁定红桃K》和《王美丽的相亲会》，将广州人脸识别行业的“领头雁”——云从科技的人脸识别技术在安防和日程生活中的应用通过诙谐生动的故事和直观形象的表达逐个列举……

所有这些“公开课”，在追求版面语言轻松活泼、新闻产品丰富多样的同时，在形式上着重进行了探索和创新。

绘漫画。从第一节“公开课”开始，手绘漫画就成为版面一大特色，如将天河二号画成卡通人物“小天”，将巨大的工业机器人装饰成为跳棋盘中灵活走动的棋子。

讲故事。科技成果当然亮眼，但要说清楚其中的技术和原理却是非常枯燥的，怎样把这些转化成读者很轻松就能读懂的内容？“公开课”采用了讲故事的形式。如云从科技的人脸识别技术在安防和日常生活中究竟应用到了什么程度，编辑设计了两个故事情节——抓捕大盗红桃K和王美丽的相亲会，通过这两个故事将所有能达到的技术串联其中，文字通俗易懂，读来轻松愉悦，故事看完，也就读懂了技术运用。

融媒体。在版面解读的同时，编辑还与新媒体联动，制作诙谐有趣的Q版产品，实现不同平台不同形式不同角度对同一目标的科普宣传。如《解构天河二号》同步推出H5产品《来自天河的二号》；《汽车人总动员》同步推出H5产品《我造传奇》，读者通过小游戏可以自己体验生产一辆车的全过程。

敲黑板。既然是“公开课”，当然必须有专业懂行的“老师”带着划重

图说广州

广东濒危植物抢救图谱

中药中有名的巴戟天、广东特有的猪血木、数种红豆杉科植物均待抢救

公开课

摸家底

广东550多种植物艰难求生

敲黑板

濒危等级分为8种

世界环境日·图说广州

广东濒危植物抢救秘诀

濒危植物 世界环境日专题

抢救水松

抢救方式一：种子发育

抢救走马胎

抢救方式二：组织培养

水松的故事

"活化石"百年内将灭绝

走马胎的故事

名气太大招来杀身之祸

种子发育 PK 组织培养

《图说广州》世界环境日特别报道版面

点、解疑问。因此，我们和广州市科协合作，每期“公开课”都请权威人士当辅导老师，开辟《敲黑板》小栏目，请老师点评辅导、划“学习重点”。所有这些生动有趣的形式，最终要达到的目的都是深入浅出、化繁为简，将高科技知识转化成通俗易懂的语言，让读者在轻松愉悦中理解吸收。

让美术编辑参与到采访中来

近年来，在重大策划选题执行过程中，编辑部逐步摸索出了“编辑统筹制”这一行之有效的方法，“公开课”同样也是这样操作：统筹编辑主导策划、采访、制作、编辑全过程，统筹协调文字记者、视频记者等一同推进工作。但这次更加有所创新的是，美术编辑一同参与到了采访中来。

之所以这样操作，是因为“公开课”的主题往往是一种装置、设备、技术、科研成果，难以通过照片立体展现，必须由记者、编辑、设计抱成一体协同作战、共同构思创意才能达到最好的呈现效果。正是由于美术设计人员从头至尾的参与，才让版面呈现和融媒产品都具有了生动活泼、跳脱灵动的风格，真正实现了科创成果向科学普及的转化，这一点格外令人印象深刻。从此以后，不但在“公开课”采编过程中，这一做法取得了良好实效，而且也越来越运用到更多融媒体产品的策划制作中，编辑、设计、采访在全媒体生产中更加紧密地融合在了一起。

干细胞、无人艇、地铁盾构机5G全被解码

从2018年4月至2019年12月，我们已经推出了几十期“广州科技解码公开课”。选题聚焦科技前沿、紧跟科技脉搏，先后策划推出干细胞技术、无人艇、人体焊接、地铁盾构建设等各个科技细分领域的解码，在细策划、精制作的基础上实现了对广州“智造”的动漫大扫描。其中2019年7月，结合5G技术的“大爆炸”，我们适时推出“5G来了”上下篇，从“看历程”“学技术”两个维度，分别以《5G来了！生活大爆炸快了！》《小白必备：5G技术5大常识》为题，给读者受众送上5G科普。

图说广州

读荔诗 品荔史

公开课

“荔”字《全唐诗》出现一百多处 萝岗有棵千年荔树

【世界第一】

【品种六百】

【降火三招】

【一颗天价】

【荔枝三杰】

【千年树王】

《图说广州》栏目版面

此外，我们还根据新闻节点策划选题，如2019年6月5日世界环境日前后，我们推出“濒危植物世界环境日专题”上下篇，分别以《广东濒危植物抢救图谱》《广东濒危植物抢救秘诀》为题，用生动的图说形式解析广东濒危植物现状，科普抢救保护的绝招。在新媒体传播上，策划推出《绿巨人》H5，让受众在轻松的闯关答题中认识濒危植物、关爱濒危植物、学习保护知识、掌握抢救技巧、增强环保意识。

做孩子都能懂的科普，为广

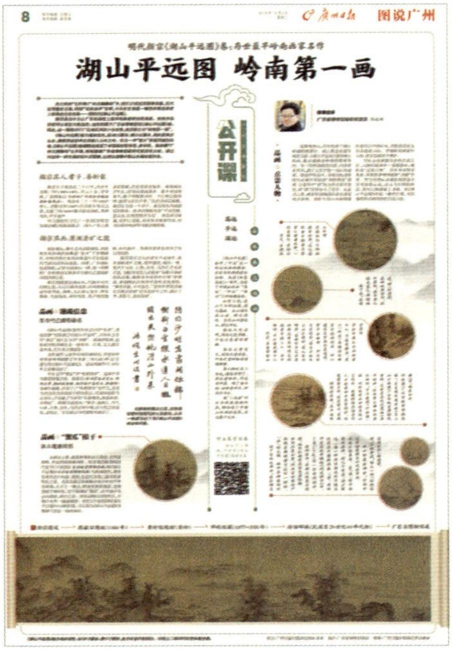

《图说广州》栏目版面

州科技创新鼓与呼。广州日报《图说广州》“广州科技解码公开课”用新颖轻松的形式实现了“大众一起学科普”，取得了良好的传播效果。很多家长收藏纸质报纸或下载PDF版本，为的就是和孩子一起进行亲子阅读；新颖形式和科普内核同样也引起了不少科创企业的兴趣，希望展开合作；天河二号公众号对报纸内容进行了二度编辑，再次在专业领域进行传播。在栏目开创之始，广州市科协就表示了赞赏，认为其对宣传广州创新成果、提高市民城市自信、培养青少年创新思维、增加孩子知识储备都有好处。2019年，广州市科协更邀请栏目申请有关基金项目。

“广州科技解码公开课”叫好又叫座之后，《图说广州》又和广州市文广旅局展开合作，推出“广州文博解码公开课”系列，解码广州文博精粹，请专业人士带读者逐一图解国宝级藏品，同样获得了读者和业内的高度评价。

16

踏遍山河游的拍摄
『美丽广州』

“绿水青山就是金山银山。”党的十八大把生态文明建设纳入中国特色社会主义事业“五位一体”总体布局，明确提出大力推进生态文明建设，努力建设美丽中国，实现中华民族永续发展。对广州这座历史文化名城来说，近年来不遗余力推进生态文明建设，努力建设绿色广州，将“美丽广州”的城市名片擦得更美更亮。记录好、讲述好广州在生态文明建设之路上的探索故事、实践思考，成为主流媒体义不容辞的职责和使命。

命题很大。生态文明建设涵盖方方面面，城乡生态资源更是林林总总，如何下手？要以小见大折射广州生态保护和城市发展，必须先搞清楚，对广州这座城市来说，哪些生态资源是最弥足珍贵的。在对城市深入了解的基础上，我们将视线聚焦到了河山湖岛上。是的，遍布广州城市乡村的河山湖岛，不正是“美丽广州”的生动载体吗？呵护它们的不懈努力和它们发生着的点滴变化，不正是“美丽广州”建设进程的最好见证吗？

在确立了以河山湖岛为切入口讲好生态文明故事的方向后，如何表现主题成了我们认真思考的命题。假如摆起面孔说成绩，一本正经讲举措，难免面目可憎令人生厌，真正有价值、有趣味、有参考借鉴意义的，肯定是那些一线鲜活的探索、鲜为人知的故事、生动有趣的细节。在报社领导直接指挥下，我们决定以广州人的母亲河流溪河为发端，以“全媒体采访小分队”实地走访的形式，深入流溪河全流域溯源。2017年7月，由采编部门精干力量组成的“全媒体采访小分队”正式组建。

在一个多月的时间里，全媒体采访小分队十多次实地走访流溪河流域，从人文、生态、美食、旅游、建筑、基层治理、村落、电商发展、人物故事、流域治理、自然风光、人文风情等12个方面推出了12个整版的重磅报道。《溯源流溪河》系列一炮打响。此后，我们又一鼓作气，策划推出了《探秘广州脊》《泛舟羊城湖》《登陆江心岛》系列全媒体报道，《美丽广州•广州生态全扫描》系列不断壮大。

“编辑+文字+摄影+音视频团队”溯源母亲河

河湖治理是生态文明建设的关键。流溪河是广州的母亲河，也是唯一一条全流域都位于广州境内的水源地，起源于从化山溪，汇入珠江大潮，流向滔滔大海。就像《溯源流溪河》系列报道的开篇语中所说的：“这条河，千百年来滋养着广州，与广州的发展息息相关。从源头逐水而居的山民，到下游以河水灌溉岭南佳果的村民，再到流域数以千万的市民，都从这条河收获太多。但我们是否真正懂得自己的母亲河呢？”

正是秉承着挖掘这条母亲河不为人熟知的故事的初心，采访团队寻访历史人文、探讨生态发展、展望未来前景，思考“一条河一方人一座城”的发展变迁，折射新发展理念下广州人推进国家中心城市建设的探索历程。从桂峰山的源头山溪，到汇入白坭河的下游河段，记者顺流而下，从起源、生态、人文、历史、发展等不同角度挖掘流溪河全域全貌。

溯源流溪河

发源地

本报今起推出“走访流溪河全流域”系列报道 首站探访三大发源地

清浅山溪水 醇厚母亲河

《溯源流溪河》版面

值得一起的是，全媒体采访小分队的阵容和此前大有不同，除文字记者、摄影记者和音视频团队外，统筹编辑全程参与一线采访。《溯源流溪河》系列报道中，编辑部选派编辑负责统筹协调文字、摄影、视频记者，十多次深入流溪河流域，靠前介入采访，协调各方配合，统筹全媒生产。事实证明，这种“编辑+文字+摄影+音视频团队”的形式有效保证了策划思路的精准执行和后续精品内容的制作生产。在此后的《探秘广州脊》《泛舟羊城湖》《登陆江心岛》系列中，我们都沿用了这一形式，取得了很好的效果。

乘快艇搭木舟　无人岛留下我们的足迹

广州是座“水城”，珠江水系穿城而过，一座座江心岛镶嵌在弯弯水道上，构成了城市绿色屏障、人与自然和谐互动的空间。

2018年10月—12月推出的《登陆江心岛》系列报道，就聚焦这几十座鲜为人们记起的江心岛。

如前文所述，整个《美丽广州•广州生态全扫描》系列，我们都力求报道突出“实地”“实景”“实情”，要求记者深入一线探访，发回最真实有料的故事和细节，这也是我们将各个系列名称中的动词定为“溯源”“探秘”“泛舟”和“登陆”的用意所在。在江心岛系列中，“登陆”形式极具现场感，为了采访到足够素材，记者和统筹编辑以及音视频团队组成一线采访小分队，乘快艇搭木舟多番登岛，在一些无人岛上留下足迹，挖掘到大量鲜为人知的好故事；报道除了在版面上呈现外，还以短视频形式记录下江心岛的倩影，生动展现了一幅美丽的广州江心岛生态人文长卷。

记者深入走访了南海心沙（海珠沥滘）、北海心沙（白云江高）、上下横档岛、长洲岛、海鸥岛、圣皇沙（增城）、丫髻沙7座广州具有代表性的江心岛，它们之中有的已被开发，有的至今人迹罕至。一些江心岛登岛条件十分恶劣，需要记者乘快艇、木舟才能抵达；一些江心岛蛇虫横行，采访过程十分艰辛。排除了各种艰难险阻，记者寻访岛上村落人家，探秘岛屿历史沧桑变迁，采撷到许多人与自然和谐相处的故事。在上横档岛上，记者发现了广州商贸史上具有重要价值的海关税所遗址；在圣皇沙，发现了“小鸟天堂”；在海鸥岛村志中，找到了“生态警示录”；在长洲岛，领略了劳动人民水系调度治理的智慧……这一切发现，都生动阐释了“人与自然是个生命共同体”的深邃思想。

可以说，这组报道，是新闻工作者践行“脚力、眼力、脑力、笔力”的生动实践。

我们用脚丈量山河湖岛，我们用眼观察城市之变，我们用笔、用相机记录文明进程。无论是2017年11月—12月推出的《探秘广州脊》系列，还是

2018年4月—6月推出的《泛舟羊城湖》系列，也都通过采编团队的亲身体验，从各个维度诠释了美丽广州生态文明建设背后的深刻内涵。在《探秘广州脊》系列中，统筹编辑跟着徒步队员挥汗5小时登上天堂顶，以广州群山18亿年地质史为线索，以各山特色为坠珠，自北至南带领读者重新认识天堂顶、帽峰山、火炉山、白云山、越秀山、莲花山及黄山鲁等南粤名山，挖掘一座座青山内藏的精魂，讲述青山蕴藏的人的故事，发回了《白云山声景》等一批有料有趣的报道。在《泛舟羊城湖》系列中，编辑统筹采访小分队梳理古代菊湖、兰湖、西湖，现代流花湖、东山湖、海珠湿地、南沙湿地等和珠江、大海所构建的庞大水系，探寻广州拔地建城、迈向世界，成为岭南文化中心的重要秘密，并通过湖泊变迁去展望这座城市的未来。

由于真正躬身一线，《美丽广州•广州生态全扫描》系列报道获得读者受众一致好评，也获得了上级部门的高度赞赏。《溯源流溪河》系列推出后，市委主要领导同志赞扬说：“不是好，而是非常好！”《登陆江心岛》系列报道

《探秘广州脊》版面

经过广州日报全媒体平台发布传播，阅读量达千万级。系列报道获得2018年广东新闻战线“走基层、转作风、改文风”活动优秀作品二等奖殊荣。

后续，我们还计划策划推出河涌、桥梁等序列报道，将美丽广州的故事好好讲下去。

/ 专题范文 /

《探秘广州脊》专栏：

2017年11月23日A6版见报——

本报邀中国声景学研究第一人、中科院院士吴硕贤及华南理工大学建筑学院教授袁晓梅解析白云山声音之美

云松曳曳风语　山溪汩汩莺歌

探秘广州脊之旅已经来到了第四站——广州日报全媒体小分队近日细雨中来到广州人最熟悉的白云山。

广州建城以来有2200多年的历史文化，始终与“羊城第一秀”白云山息息相关；广东的重大事件如三元里抗英、辛亥革命等多发生或酝酿于白云山脚；每一代新老广州人，几乎都到访过羊城八景之首的云山叠翠，或年年来此登高祈福。

都说熟悉的地方没有风景，记者一行此次另辟蹊径，沿着历代文人墨客的足迹、历史传说的留痕，重爬白云山，寻找白云山上鲜为人知的“声景”。

声景，简单理解就是“声音的风景”。白云山地处河网密布的珠三角地区，温润的亚热带海洋性气候以及丰富的地下水源，为白云山带来了茂密的植被与纵横的流泉，同时汇聚了大量鸣禽，声景资源十分丰富。

广州日报力邀中国声景学研究第一人、中科院院士吴硕贤，以及在国内较早展开风景园林声景研究、师从吴硕贤院士的华南理工大学袁晓梅教授，移步换景，为读者解析白云山上的声音之美。

细雨蒙蒙欲湿衣。这天清晨，记者一行在华工袁晓梅教授的带领下来到白云山南门口，抬眼望去，雾笼云山。家住白云山脚的“山民”陈宝喻自告奋勇给记者当向导。

陈宝喻说，他每年生日都要起早爬白云山。从他36岁那年第一次“生日登高”开始算，已经坚持37年了。

泉惊蒲谷鸟

沿着柏油路缓缓上行几分钟，不经意就闯进了蒲谷濂泉，这里山涧流泉迂回环绕，形成了一处声音“富矿”。走访当天正逢下雨，人声寂寂，更显出莺歌鸟鸣声来。

“蒲谷水资源丰富，从山脚走来，先是听到潺潺流水声，慢慢走进蒲涧，声音展开，越来越丰富，整个涧溪也逐步展现在眼前，很有中国园林先抑后扬的‘造景’意味，未见其景先闻其声。”在国内较早展开声景学研究、师从吴硕贤院士的华南理工大学袁晓梅教授，边深入蒲谷边指导记者“收集”沿路声景。

沿着蒲谷石阶向上爬，汇聚在深谷中的水声，似乎一个个欢脱地跳跃出来：山溪随着地势层层跌落的哗哗声，流水绕石时聚时散的淙淙声，落泉轻拍树木或急或缓的泠泠声，秋雨从枝头树叶上跌落石板的滴答声……种种泉响夹杂在一起，就像“大珠小珠落玉盘”，让林中的虫子、鸟儿似乎也比外面的唱得更起劲儿。

“这是白云山‘泉响’的典型载体。”白云山管理局的陈彦琼介绍，“传说秦代时这里就有蒲谷濂泉，现在水源主要由自来水控制。水从自来水口出来，先汇入湖中，再沿着山谷地势时而汇聚时而散开，形成了这高低错落、流水绕石的声景，很适合冥想、思考。”

“广州人心心念念的‘故乡水’，传说灵感之一就是蒲谷的层层涧溪。”他告诉记者，虽然广州人历来只说“云山珠水”，但白云山里的水资源也很多：白云山的水体有水库、人工湖、山塘、溪涧、泉眼等。其中有名字的溪涧就有蒲涧、濂泉、归龙溪、双溪、百花涧等；除了广布山谷的大小溪涧以外，山上还有九龙泉、鲍姑井、玉虹池、月泉井、泰泉、宝鸭池、碧乳泉、甘露婧井、虎跑泉、五宝泉等大大小小的泉眼。简直是一座“水声”富矿！

梵漾能仁寺

“白云山声景从古至今一直在变化。在自然声景的基础上还增添了各种人文声景。”袁晓梅指导硕士生王倩倩完成的学位论文《广州白云山主要历史声景点保护研究》中指出，人文活动也产生了丰富的声景资源，且极具保护价值，比如从三国两晋南北朝时期白云山上出现了寺观，也由此产生了“梵音”。

走进能仁寺，能看到寺内建筑与别处“山门次第开”不同，依山向上错落分布。大雄宝殿建在寺内一小段山路尽头，晨钟暮鼓声也在寺院深处幽幽地传出来。寺中修缮宫殿的秦工告诉记者：“能仁寺早5点、晚8点有钟鼓声，来错时间听不见。”

为何如此奇特？走访中记者了解到，随着宋代渐兴道教、废毁佛寺，白云山上的寺庙此后多改作书院。目前白云山上的寺庙几乎全部消失，能仁寺作为仅存的寺庙，地处山腰深坳中，其梵音不容易传播出去，因此白云山上能听到梵音的区域并不多，“梵音萦绕”的梵音，在这里只能在能仁寺周围荡漾。

瀑飞九龙泉

登顶冲刺路上，记者远远听到阵阵飞瀑声。“九龙泉！”寻声向上望去，两条石柱上雕着腾龙，对面的石壁上也栩栩如生地盘着九条龙，其中八条两两相望的龙头口中都可喷出水，经由石盘承接后落入它们面前的池塘，形成“飞瀑”。

当地管理部门的“守泉人”告诉记者：“九龙泉在唐代是广州百姓祈雨的地方，原来这附近还有九龙庵、龙王祠。每逢求雨，周围大大小小飞瀑形成的水帘洞，都不及人声鼎沸的阵势……后来九龙泉受到损毁，经过多次修整后正渐渐恢复它蜿蜒互洒的飞瀑景象。”

“怒挟疾风穿壁去，徽贪明月抱失眠。”袁晓梅介绍，这出自清代杭世骏的一首介绍九龙泉的诗，可见当时气势。

从九龙泉继续爬升，来到摩星岭，站在山顶问“白云”。长期研究白云山人文历史的广州著名诗联家梁俨然先生告诉记者：“云山多云，原因有二：一是白云山地处珠三角西北端，由于地势较高，从西北方向吹来较冷的气流，常被山体阻挡，而从东南方向吹来的温度、湿度相对较高的暖气流，也常被山体阻滞，两股气流相遇、相持、相融，由此生雾；二是白云山上林木繁茂，溪涧纵横，地下水资源丰沛，地表湿度比较高，水蒸气多，而白云山复杂的地形使它们不易迅速飘散，这也为云霭的声场提供了有利条件。”

帘收滴水岩

下山路上，记者特意绕行鸣春谷景区的滴水岩。传说在秦代时，滴水岩周围山势陡峭、松风鸟鸣，流水从三四十米高处落下，滴落到下方的池水里，像个“水帘洞”；其上还有动石，人过而铿锵有声，深幽山岩上形成独特声景。

苏轼曾在此作诗《广州蒲涧寺》，留下“听泉寻禅”的洒脱境界：“不用山僧导我前，自寻云外出山泉。千章古木临无地，百尺飞涛泻漏天。昔日菖蒲方士宅，后来薝卜祖师禅。而今只有花含笑，笑道秦皇欲学仙。”至今，生活在白云山脚的陈宝喻还记得，滴水岩“人烟稀少，人过可闻得佩环声响”。但时光荏苒，滴水岩如今已枯，游客鲜至。

雷隐听涛亭

走回山脚，回望白云山，郁郁葱葱，有声有色。从古至今，白云山声景资源发生了很大变化。记者了解到，1949年后，政府广植林木，挖湖蓄水，白云山重现青山碧水。当时明珠楼一带植有大片的马尾松，有风吹过，叶片摩擦发出如雷般声响。1965年董必武登临此地，有感于松涛声景的壮观，亲笔题写“白云松涛”四个大字，使这一声景入选新“羊城八景”。如今，“白云松涛”四字犹在，但松涛如雷的声景却已“隐于山林”。

历史上这里有哪些声景资源，带给一代又一代广州人以乡愁记忆？袁晓梅介绍，其中与泉声相关的景点曾有“岭南第一泉”“九龙泉”“泰泉”“碧乳泉”“虎跑泉”“五宝泉”等；与涧音相关的曾有“百花涧”“归龙溪”“双溪”等；与瀑布声相关的有“滴水岩”“濂泉”“九龙泉”等；与梵音相关的景点曾有“能仁寺”“蒲涧寺”“濂泉寺”“月溪寺”“双溪寺”“弥勒寺”等；与朗朗书声相关的有“白云书院”“广化善院”“南雅堂馆”“云泉山馆”“云淙别业”“白云仙馆”等。

袁晓梅从2010年开始带领学生对白云山声景资源保护进行系统研究，认为白云山历史上曾拥有极其丰富的声景资源，是白云山不可或缺的景观组成部分，具有重要的保护价值。白云山现已成为市民休闲娱乐的好去处，新增大量休闲项目与服务设施，声环境发生很大的变化。在白云山进入大规模旅游开发时期的今天，制定科学合理的声景资源保护策略，对白云山南粤名山地位的全面提升至关重要，这也是践行我国生态文明国家战略的内在要求。

院士说——
声景里有美丽中国的乡愁

声音也是一种风景。

20世纪60年代，加拿大音乐家R. M. Schafer提出了声景的概念。实际上，中国古代有许多声景的描述，比如诗经中28%的内容都是围绕声景，譬如“鹤鸣于九皋，声闻于野”“呦呦鹿鸣，食野之苹”“关关雎鸠，在河之洲”；建筑也与声景密切相关，比如西湖十景里的“南屏晚钟”“曲院风荷”；苏州园林里的“听雨轩”则来自于李商隐“留得残荷听雨声”的意境，还有“橹窗阁”来自于“夜橹隔城闻”。

声景也是引起乡愁的原因之一，是建设美丽中国中的应有之意。这是因为人们常通过熟悉的声音、家乡的声音引起思乡，比如李白的“长安一片月，万户捣衣声”；陆游的“小楼一夜听春雨，深巷明朝卖杏花”；杜牧的“二十四桥明月夜，玉人何处教吹箫”。

因此总的来说，人们不愿听到的声音就是噪声，人们愿意听到的声音，这就是对“声景”做的一个简单界定。人类在进化的漫长岁月中，多与动植物为伴，人固有的喜好就是听大自然的声音，泉水、潮水、流水、瀑布、松风、雨打芭蕉、鸟唱虫鸣等。我们对待景观需要“得景无拘远近，佳则收之，俗则屏之”，好好保护自然声景。

《道德经》言“大音希声，大象无形”，我建议在城市规划的空间艺术中要注意留白，在城市中留出山川、湖泊、动植物资源的位置，这样才能形成山水城市，形成良好的声景环境。具体操作上，建议无论是从宏观还是微观规划，都要在一定区域内划分出一定比例的热闹区、缓冲区以及安静区，这也是形成海绵式城市、美丽城乡的一个要义。

（作者 / 广州日报全媒体记者刘冉冉）

17

《广州靓爆镜》定格一座城的蝶变

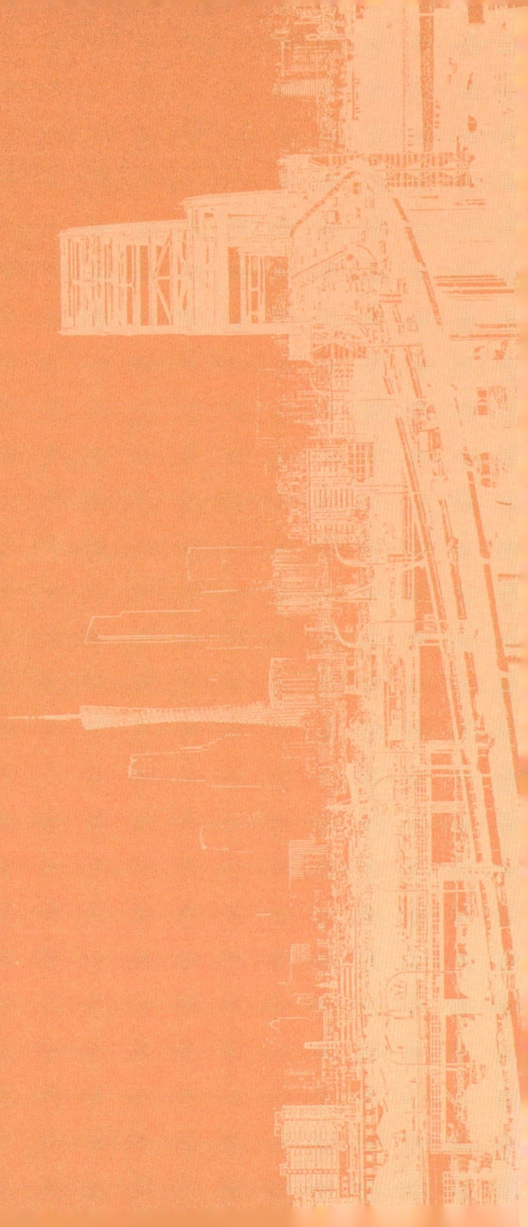

这些年，随着生态环境的改善和城市环境的美化，广州市民的获得感和自豪感大幅提升——“广州蓝”成为百姓嘴里的新名词，朋友圈成为花城美景的照片展……《广州靓爆镜》专版应运而生。当然，除了切合市民需求，栏目的诞生也是为了更好地配合中心工作。广州提出建设“更干净更整洁更平安更有序”的城市环境，市委机关报要为推动这项民生工程鼓与呼。

刊登靓图美景，实时记录城市蝶变的进程，是党报的职责所在，也一直是报纸的“例牌菜”。然而，在《广州靓爆镜》专版诞生之前，《广州日报》反映城市变化的美图大多是记者随机动态拍摄，编辑择优刊登，多数散见于各个版面，并未真正形成系列、做出规模、打出品牌。

专版的诞生源于一个偶然。2016年5月，广州日报一名记者从朋友圈看到广州海印桥旁的凤凰木花开，整棵树好像“火”了一样，觉得很漂亮，于是建议摄影记者去拍。第二天，摄影记者发回的摄影报道获得报社领导高度赞赏，她鼓励摄影部多拍摄广州美景，并当即决定以此为开端，开设《广州靓爆镜》栏目，专门以图片形式真实记录城市蝶变的一个个变化，将一个天更蓝、山更绿、水更清、环境更优美的广州，一个更干净、更整洁、更平安、更有序的广州，展现在市民和海内外游客面前。2016年5月24日，《广州靓爆镜》正式开张。

其实，《广州靓爆镜》最初只是一两张广州美图的小栏目，但真正形成一个专栏，再到逐渐被打造成一个有口皆碑的名牌专版，它犹如一个婴儿，经历了诞生、探索、成长、壮大的过程。可以说，这个栏目的发展，事实上与美丽广州、美丽广东、美丽中国建设的进程是同步的。那么如何将它打造成窥见城市蝶变的窗口？编辑部和摄影部多次碰撞研讨，认为要做出影响力，必须将版面内容和广州城市发展的各项中心工作紧密“对焦”，也就是说不仅限于拍摄蓝天白云花景，更要把视线投射到城市发展的方方面面，真正成为“美丽广州”蝶变的记录者。

最终，栏目确定了以图片专版记录“实力广州、活力广州、魅力广州、幸福广州、美丽广州”的思路，并在磨合中逐渐形成了由采编部门联合策划，编辑部门专人统筹、对接摄影记者和拍客团队专题执行的操作形式。如今，栏目运作已四年多，先后策划推出“行者”“倾城”等多个专题子系列，推出200多个大版，通过美图、美文、美题、美版，为广州国家中心城市建设鼓与呼，成为“美丽广州”的最好见证者和记录者。

策划：这座城市的风景生活文化都值得精心呈现

广州靓爆镜，到底靓在哪里？展示广州的靓时，又该通过何种编辑手段引导提升，使这样的靓版，不仅仅是装饰，不仅仅是花架子，而是真正起到美美与共、凝心聚力的作用？从《广州靓爆镜》诞生之初起，这些问题就成为主创人员经常思考的问题。经过不断探索，《广州靓爆镜》慢慢形成了较为成熟的思路。

首先，从版面厚度来看，栏目并不满足于靓图一拍了事，更配以短评，点出主题，营造积极向上的城市正能量，与市委中心工作紧密契合，为生态环境和城市环境建设鼓与呼。

《广州靓爆镜》栏目版面

其次，从展现题材来看，花城自然要拍，广州蓝也要拍，但广州靓爆镜不仅仅在于花，不仅仅在于蓝，这座城市的人民生活、岭南文化、建设成就等方方面面都值得去精心呈现。于是，栏目展开系列策划，动态静态结合，除了《懂花的城　爱花的人》《皑如山上雪　点亮广州蓝》等尽显花城美景的代表作外，还策划推出了广州民居系列、美丽乡村系列、非遗匠心系列、大项目

《广州靓爆镜》栏目版面

巡礼系列、园林酒家系列、微改造系列、飞阅广州百年系列等。如《广州最美风景　是你幸福笑容》《飞鸿叠翠园林　小桥流水酒家》等，就分别聚焦城市里的人和各种独具风貌的园林酒家，角度和呈现都让人耳目一新。

此外，在重大时间节点，我们还将“广州靓爆镜”的内涵和外延进一步提升。如2019年全国两会期间，栏目推出《牢记嘱托　湾区追梦之航拍大湾区》系列，11个版航拍11座大湾区城市的蓬勃发展面貌，大气磅礴、直观鲜明地展现了十八大以来粤港澳大湾区的城乡建设成就。

创意：让读者从全新的角度发现城市之美

《广州靓爆镜》专版定期出街，用图量大。从图片来源来看，不但广州日报摄影部20名专职摄影记者成为供稿的主力军，而且广州日报1200名拍客群体也被吸收为栏目的供稿者。毕竟，城市的点滴变化，分布在大街小巷的拍客感受得更为直接！

图片来源的问题解决了，但另一个问题又来了——同质化。假若每期都是差不多的角度、差不多的呈现，读者受众岂能不烦？对此，主创团队加强策划创意，2017年8月14日的《最是那一低头的温柔》专版就是一个典型范例。

该版以“天使视角”航拍俯瞰花城。设计这个专题时，主创团队考虑得最多的是：广州作为大美花城，靓图美景多不胜数。如何才能做出特点，突围而出呢？经过多次思考和碰撞，大家决定从传统的地面视觉中跳出来，另辟蹊径，从天空俯瞰花城，让读者从全新的角度发现广州城市之美。

在架构设计上，摄影记者以“花”“城”为主线，通过无人机航拍，寻找城市独特的气质。在记者拍回的大量角度新颖、美轮美奂的图片中，编辑以“新”“奇”“靓”“特”为标准，选取了令人耳目一新的华南植物园温室、越秀公园五羊雕塑、中山图书馆、流花湖之心等好图，从全新视角定格不一样的城市，展示美丽宜居花城的别样之美。

这一期“天使视角”俯瞰花城的《广州靓爆镜》出街后，瞬间刷爆了广

《广州靓爆镜》栏目版面

州市民的朋友圈，在被省市各大政府公号、媒体公号纷纷转载的同时，也被新华社、人民日报、新浪、腾讯、搜狐等央媒和门户网站转载，对广州城市形象和品牌的传播、提升起到了很好的推动作用。

题材多样，视角独特，一座城的美就这样被定格了下来。《广州靓爆镜》专版目前已成为《广州日报》的名牌栏目，并在十九大、全国两会、广州《财富》全球论坛、市委全会等重大报道中，作为“非常规武器”连续推出专栏，成为这些重大报道中的“另类风景”和独特呈现。栏目斩获市委宣传部评出的2017年广州市新闻媒体优秀品牌栏目大奖，不仅收到良好的社会反响，更多次得到省市领导的高度赞扬。

/ 相关链接 /

【记者手记】

镜头内外——列出拍摄清单　捕捉最佳光影

我和《广州靓爆镜》的缘分始于2016年5月，同事从朋友圈看到海印桥旁的凤凰木花开，整棵树好像“火”了一样，她觉得很漂亮，于是建议我去拍。第二天，我赶紧背着相机包去海印桥拍摄“火凤凰”美景。后来，这个摄影报道受到报社领导的赞赏，还鼓励摄影部多拍摄广州美景。没想到，当初的一次摄影报道，竟成了《广州靓爆镜》栏目的开篇之作，现在想来，实在意义非凡。

《广州靓爆镜》需要的图片主要是高大上的城市风光图。为了拍摄到更高质量的图，我开始不断寻找拍摄机位、学习无人机拍摄、借鉴影友角度、研究地图方位、等待绝好天气……以前只专注拍摄新闻图片，不知道原来城市风光拍摄有这么多学问，爬楼要怎么跟保安斗智斗勇才能上天台，什么样的天气适合拍摄什么，如何适当后期处理才能让图片更好看，根据拍摄景物的不同还要制订不同的拍摄计划。

比如拍摄距离远的广州“三塔”（广州塔、西塔、东塔）美景，就必须要等空气质量最好、最通透的时候，不然远处的“三塔”会由于空气不够好而变得朦胧；比如拍摄一些正面朝东的建筑，只能等早上顺光，不然下午太阳在西边，就只能拍到黑乎乎的剪影了。现在我会有一个拍摄清单，等到好天气和适合的时机，就会去列表中的机位拍摄，有些美景值得等待。有时候出去采访，一些素未谋面的人在得知我的名字后，会很高兴地跟我说在广州日报上看过我拍摄的很多广州美图。他们的赞赏让我很开心，也让我更有动力去拍更多的美图。

其实，《广州靓爆镜》栏目的成长也见证着我摄影技艺的进步，我的作品丰富了《广州靓爆镜》，而《广州靓爆镜》也让我的作品能让更多的人看到。

（作者 / 广州日报全媒体摄影记者苏俊杰）

18

《今日观察》：做得更『多』一点

新传播形势下的媒体人，不得不面对如下几个棘手问题：报道同题同质而缺乏独家，信息庞杂浩繁而缺乏梳理，新闻机械复述而缺乏观点。2013年8月1日，以《1/4来自山东　最快34岁成为上将》为标志，作为广州日报试图解决上述问题的探索，在新传播形势下做好深度报道、锻造独家品牌的尝试，《今日观察》版正式亮相。

当初设立《今日观察》版，是在“新闻新常态”背景下做出的选择。所谓“新闻新常态”，其实是套用了习近平总书记当时对中国经济步入新常态的判断。经济新常态特征有三：中高速、优结构、新动力——似乎完全可以借来概括我们所面临的新闻传播形势：新闻越来越同质化，动态越来越复读化，题材越来越疲软化，相比大V小号猛料和谣言并飞、深喉与大嘴共鸣，报上的内容似乎越来越波澜不惊，越来越可以“想象”……我们同样需要优结构，特别需要新动力。

在开辟这个版之前，我们一直在思考：《广州日报》这么多年来何以谓之好看？一个简单而重要的原因：“多”。这个“多”当然不是数量的“多”，我们多过独家，多过故事，多过政策解读，多过高端访谈……现在，多什么？必须多梳理，多分析，多延伸，多角度，多想法。

首先，数据新闻的勃兴为新闻同质化指出了一个出路；其次，信息爆炸的压迫为梳理分析提供了舞台。我们哪怕失去时效、失去一手、失去独家，但同时也拥有了比以往更多的思路和出路。信息太多了，资讯太杂了，节奏太快了，生活太累了，普罗大众的小心脏担不起，小头脑拎不清，小心思却又还想知道，小嘴巴更还想侃侃聊聊，谁来给我拨开云雾见青天，说说此事从何而来、去往何去、意味几何、影响多少、与我何干？诸如此类。这就是我们所要做的。从某个方面简单来说，当新闻“主体”雷同黯淡之后，以前靠边站的“贴士”“链接”“延伸”“解读”，从角落中走了出来，摇身一变变成了重点，成了主角。这正是《今日观察》版的初心。

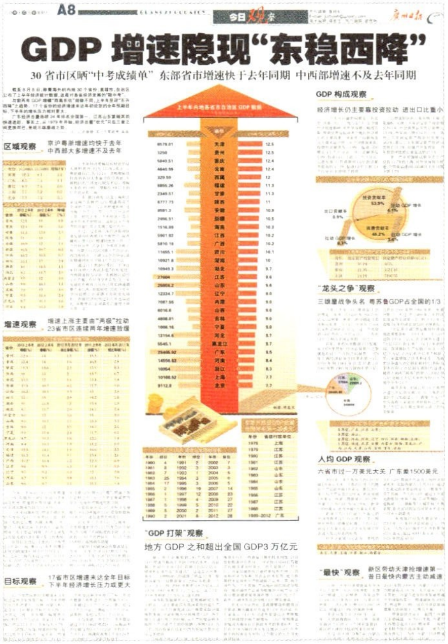
A8
今日观察
GDP增速隐现“东稳西降”
30省市区晒“中考成绩单” 东部省市增速快于去年同期 中西部增速不及去年同期
区域观察
增速观察
目标观察
GDP构成观察
“龙头之争”观察
人均GDP观察
“GDP打架”观察
地方GDP之和超出全国GDP3万亿元
“最快”观察

《今日观察》栏目版面

因此，《今日观察》的定位一开始就很明晰——围绕新闻热点，跳出常规套路，通过集纳梳理材料、整合分析数据，力求在同质题材中找独家视角，在庞杂信息中做梳理分析，在事件重复中抓规律趋势，使新闻产品在新形势下的传播较量中继续“多”一点：比新闻本身更“多”意思，比动态更“多”策划，比常规更“多”专业，从而比对手“多”一筹，让读者“多”一知。

时至今日，放眼四顾，学习小组、侠客岛、长安街知事等主流媒体公号深度观察类的政经新闻捕获眼球，权威杂志上的梳理分析类报道亦大受追捧……介质虽然变了，但不变的是受众对深度新闻产品的需求。这也证明了，当时开设《今日观察》的路子是对的。

围绕新闻热点努力“多”一点

先说《今日观察》正式亮相之作：上将观察。这是一篇急就章。2013年7月31日上午，中央军委晋升上将•闪烁的将星中到底蕴含着哪些“内幕”？这无疑一个有意思、有关注、有内容的选题。我们马上指派两位编辑来操作这个选题，根据新华社等权威资料，一条一条梳理建国以来特别是1988年恢复军衔制以来148名上将的资料，包括籍贯、出身、年龄、行伍时间等，汇集准确的资料后再进行深入多维的统计分析，看看究竟有哪些有意思的发现。从上午到凌晨好一阵忙碌，最终《1/4来自山东　最快34岁成为上将》出炉，《今日观察》也正式诞生。

2013年8月27日见报的《促改革快马加鞭　惠民生一举多得》是一篇代

表作，全国各大门户网站都进行了转载。事实上，国务院常务会议经常举行，如果我们对此加以整合分析，无疑可以从中把握政府工作思路。这个选题在例会上确定之后，编辑着手搜集新华社等权威资料，对当年以来举行的历次常务会主题进行了细致、严谨、深入的梳理分析。在掌握材料、吃透思想的基础上，编辑结合权威表述对政府工作思路进行了述评，有材料，有内容，有观点，有高度，形成一篇难得的力作。更大的意义是，这为我们加强时政报道，尤其是大政方针实时解读、独家分析，提供了一个很好的探索实践的案例。这篇报道获得国务院新闻办公室表扬和中央网信办全网推送，也进一步坚定了我们将“继续‘多’一点”的信心。

热点+数据+观点+图表是《今日观察》几件宝

时事热点、资料数据、观点内容加上图表呈现是《今日观察》的“灵魂”，也是贯彻“多”一点最核心的元素。

“缓刑”过半

“酒驾”抬头？

公职人员一样会被“双开” 广州重拳全天候查酒驾

《今日观察》栏目版面

一开始，我们就摈弃罗列总结、题材静态、话题老套、过于宏大、切入口太大等问题，栏目选题一般不选择静态、常规的现象、话题，而是特别强调围绕时事热点，尤其是注重选取具有关注性、思辨性、新颖性、动态性、贴近性、结果性的时事热点。因为只有新闻热点大家才会关注，只有抓住读者关注度，并且利用读者关注度，去制造延伸产品、产生叠加效应，才会有人去看，才会有“1+1>2”（动态+观察）的效果，才会体现媒体专业、高度、深度的价值所在。

资料、数据可以说是《今日

观察》的“观”，既可以是集纳、梳理资料，又可以是整合、分析数据。“观”是“察”的基础，没有“观”只有“察”，那么文章就成了评论。我们要像解剖青蛙实验一样，一刀刀展现给观众看，“这是啥这是啥”，借此得出我们的结论。当然，资料、数据必须是新颖的，或者说集纳梳理、整合分析的方法手段必须是新颖的，否则试验台上的解剖实验，就成了猪肉档口的屠猪切肉，司空见惯有甚好看？

观点内容可以说是《今日观察》的“察”，既可以是独特新鲜的观点，又可以是独特新鲜的内容。“察”是“观”的结果，没有“察”只有“观”，那文章就成了资料罗列和数据报表，不但没有价值，更会拒人千里。再用我们解剖青蛙的例子，就是你一刀刀切下来后总得有个说法，“这体现了什么系统，这反映了什么理论”。

图表呈现是《今日观察》在形式上努力的方向，不管题材有多么宏大、话题有多么严肃、结论有多么高深，在形式上必须力求图表呈现、简明扼要、浅显悦读。诸多APP“图个明白”等图示化、可视化探索都成了我们的借鉴。

编辑部向“研究型专家型团队”转型

《今日观察》开设之时，广州日报提出打造“研究型专家型团队”。编辑部门按照报社领导指示，积极转变思维、调整定位，努力尝试“从相对单纯的‘设计制作师’向‘策划组织设计师’转型，从一次生产向二次、三次生产转型，从来料加工平面资源向立体开发数据资源并整合出品转型”。《今日观察》就是这种尝试之一。

在操作上，编辑部建立周会选题制度、月初报题制度、项目负责制度等，确保《今日观察》努力在摸索中前行。栏目开设的前10个月就推出了124篇报道，平均每2.4天就推出1篇报道。这里面采访部门撰写82篇，约占66%；编辑部门撰写42篇，约占34%。报社所有部门、所有编辑记者都可以为《今日观察》提供相关领域的选题；在此基础上，编辑部又根据兴趣履历，抽调部分资深时政编辑组成“今日观察研编小组”，专项研究选题操作。小组每周定期召开选题例会，每人都要报题，大家发言讨论，力求群策群力、互相启发，像国务院常务会等很多选题就是在周会上讨论出来的。

采访部门也为《今日观察》提供了各个领域、各种题材的好报道。例如，《高血压病人月省百元　医院降药费月亏百万》用实际案例盘点医改成效，《16微克，留给广州十年攻克》用数据分析广州抗霾历程前路，《官商“旋转门”　谁是把门人》分析政府官员下海现象，《霾从何来？北京的车　天津的油　河北的煤》深入探究雾霾治理……这些选题，都较好地抓住了新闻热点，从数据资料的梳理整合中，挖掘出了新颖的内容、独到的观点。

比新闻更“多”意思，比动态更“多”策划，比常规更“多”专业，比对手更“多”一筹，让读者更“多”一知。广州日报《今日观察》专栏凭借这么多的“多”一点，在不到两年的时间里推出了300多期深度分析类报道，做出了自己的品牌和价值，凸显了主流媒体的思考和沉淀。尽管此后《今日观察》因为各种原因中止，但它仍然能够作为一次有意义的探索，被记录在广州日报人永不停步的追寻历程里。

/ 专题范文 /

《今日观察》栏目代表作品：
2013年8月27日A8版见报——

促改革快马加鞭　惠民生一举多得

——从20次国务院常务会议看新一届政府的执政思路

今年3月15日，57岁的李克强就任国务院总理。此时的中国，已经成为全球第二大经济体。李克强拥有经济学博士学位，在新中国首名“博士总理”的带领下，新一届政府将如何施政，全球拭目以待。

至今，新一届政府工作已近半年；而能反映政府施政重点的国务院常务会议，也已召开20次。“不断释放改革红利”“打造中国经济升级版”“政府带头过紧日子”“政府要保基本兜底线”……盘点历次会议，不难看出，新一届政府在发展经济、改善民生、深化改革等方面攻坚克难，出手不凡。“促改革”快马加鞭、“稳增长”长短兼顾、“惠民生”一举多得……新一届政府的施政思路正逐渐呈现。

“促改革”观察：
锐意改革——“改革是中国的最大红利”

已召开的20次国务院常务会议，共有43个主要议题。其中，涉及改革议题逾10个。这是出现频率最高的议题之一。10余个议题中，既涉及到简政放权的行政体制改革，也涉及到“营改增”的财税体制改革、利率市场化的金融改革，还涉及到农业改革、铁路投融资改革、养老服务改革等。

简政放权是新一届政府的开局关键。3月18日，新一届国务院召开第一次常务会议，就把议题集中在《国务院机构改革和职能转变方案》（简称《方案》）上。会议确定，将《方案》内容分解细化为72项任务，逐项明确了责任部门和完成时限。

A8
今日观察
促改革快马加鞭 惠民生一举多得
——从20次国务院常务会议看新一届政府的执政思路
一张表看懂国务院常务会议
谁来开
开什么
多久开
"惠民生"观察
着眼民生
——"以民之所望为施政所向"
"促改革"观察
锐意改革
——"改革是中国的最大红利"
"稳增长"观察
长短兼顾
——"打造中国经济升级版"
数说20次常务会议
72
48
165
76
1200亿
600万
304万
699万
50%
3万

《今日观察》栏目版面

开弓没有回头箭。4月24日召开的国务院常务会议，决定取消和下放71项行政审批事项；5月6日、6月19日，国务院先后两次召开常务会议，分别取消和下放62项、32项行政审批事项；7月13日，国务院决定，再取消和下放50项行政审批事项。

巧合的是，机构如何改革、职能如何转变，这也是3月17日采访两会的中外记者向李克强提出的第一个问题。当时，李克强承诺："现在国务院各部门行政审批事项还有1700多项，本届政府下决心要再削减三分之一以上。"在他看来，政府职能转变是"把错装在政府身上的手换成市场的手"，这"会很痛，甚至有割腕的感觉"，但"我们要有壮士断腕的决心，言出必行，说到做到"。

截至7月，新一届政府总共取消和下放了215项行政审批事项。履新才4个月，新一届政府简政放权的任务就已完成了近三分之一。

如果说简政放权是快马加鞭，那么，在其他领域，新一届政府更多的是进行"牵一发而动全身"的改革，比如"营改增"。

"营改增"是财税体制改革的"重头戏"。2012年，时任国务院副总理的李克强就亲自"督阵"营业税改增值税的试点工作。在上海取得实效后，他又力推将试点扩大到九省市。今年4月10日，新一届国务院召开第四次常务会议，就决定进一步扩大"营改增"试点，并逐步在全国推行。

新一届政府锐意改革的特点，从发布的历次国务院常务会议新华社稿件中，也得以窥见：在这些稿件中，"改革"一词出现近百次，是出现次数最多的词之一。

中国人民大学财政金融学院副院长赵锡军指出，新一届政府更加强调改革的作用，现有一些改革措施、方案、试点正在实实在在地推进，充分体现出新一届政府加快推进改革的决心、“向改革要红利”的意图。

“稳增长”观察：长短兼顾——“打造中国经济升级版”

长远：6月市场传言钱荒，新一届政府没有出手，而是力图以金融之手，通过市场的调节，盘活存量，让资金流向实体经济。

短期：在光伏产业遭遇困境时，新一届政府却选择了出手，而且力度空前。最终，中欧光伏贸易争端达成和解。

缺钱，缺钱！6月中下旬的中国金融市场，一片风声鹤唳。

近年来，银行间隔夜拆借利率往往不到3%。但在今年6月20日，这一利率突然疯涨至13.44%，盘中最高成交利率竟然高达30%！这一天，足以载入银行间市场史册。

受钱荒传言影响，沪深股市也节节败退。到6月24日，沪指暴跌上百点，直接跌回“1”时代。

有市场人士“惯性”期盼，央行会“放水”救市。但央行以继续发行央票的实际行动，表明了“不放水”的态度。

面对钱荒传言，新一届政府没有出手。但在光伏产业遭遇困境时，新一届政府却选择了出手，而且力度空前。李克强5月出访时，就欧盟对我国的光伏产品发起“双反”调查，与德国总理默克尔会谈，并赢得了德国的支持。最终，中欧光伏贸易争端达成和解。“克强经济外交首战告捷！”舆论对此进行了赞许。

为何救？为何又不救？通过这救与不救，新一届政府，究竟传递出怎样的施政信号？

不救钱荒，是因为存量惊人。数据显示，今年前5月，人民币新增信贷4.21万亿元；截至5月末，人民币存款余额为99.31万亿元，“市场流动性整体宽裕”。

部分银行之所以出现钱荒，是因为它们将资金通过信托、券商等通道，转移到收益率较高的项目上去，比如房地产、融资平台，导致了实体经济融资成本高、资金杠杆率提高、银行流动性风险加大。

不救钱荒，更深层的含义在于，新一届政府力图以金融之手，通过市场的调节，盘活存量，让资金流向实体经济，把钱用在刀刃上。6月19日召开的国务院常务会议就提出，要“优化金融资源配置，用好增量、盘活存量”。这也是李克强在1个月内3次提到盘活存量货币。

中国社科院世经所国际投资室副主任张明说：“央行近来行为方式的转变，折射出了新一届政府宏观调控思路的变化。政策重点不再是不惜一切代价保增长，而是在风险可控的前提下，挤出在影子银行与房地产市场存在的泡沫，消除制造业产能过剩，从而真正实现调结构、转方式的目标。”

救光伏产业，是因为从短期来看，可以稳增长、稳就业。中欧光伏贸易争端，影响到中国上千家企业的生存和40多万人就业；从长期来看，则可以调结构。6月14日召开的国务院常务会议就指出，光伏产业是新能源产业的重要发展方向，我国的光伏产品已具有相当的国际竞争力，“必须支持光伏产业走出困境并健康发展”。

除了光伏产业，国务院常务会议还对节能环保、信息消费等产业的发展作出部署。这些措施都有着共同的特点，既稳增长，又调结构；既利当前，又惠长远，利于打造“中国经济升级版”。

国务院发展研究中心宏观经济部研究员张立群指出：“现在的政府决策不是重在应急，而是强调长短兼顾，努力在治标的同时，把治本的长效机制建立起来，这个特点越来越清晰。”

“惠民生”观察：
着眼民生——“以民之所望为施政所向”

3月17日，李克强在会见中外记者时，他的开场白掷地有声：以民之所望为施政所向。10天后，新一届国务院召开第二次常务会议，会议传递出的声音同样振奋人心：保障和改善民生是政府工作的出发点和落脚点。

在新一届政府看来，在义务教育、基本医疗、基本养老、保障性住房等方面，要织就一张覆盖全民的保障基本民生安全网，补上短板，兜住底线。

住房问题有短板，补上：6月26日，国务院召开常务会议，重点研究部署加快棚户区改造。会议决定，今年要改造棚户区304万户。

早在2004年，时任辽宁省委书记的李克强就决心改造棚户区。在棚户区，李克强目睹了近千居民共用一个旱厕的情景。他摸着冰冷的土炕，动情地说：“就是砸锅卖铁，也要让群众搬出棚户区。”其后，他全力推动“棚改”，辽宁也成为全国首个在全省范围内启动“棚改”的省份。李克强在“棚改”过程中一再强调的“万事民为先”，成为他日后主政的核心理念。

养老问题有短板，也补上：8月16日召开的国务院常务会议提出，到2020年，全面建成以居家为基础、社区为依托、机构为支撑的覆盖城乡的多样化养老服务体系，把服务亿万老年人的“夕阳红”事业打造成蓬勃发展的朝阳产业。

不断改善民生，还包括“要让人民呼吸洁净的空气，饮用安全的水，食用放心食品”。

今年上半年，我国部分地区出现大范围雾霾天气，高峰时笼罩了我国国土三分之一的面积。“十面霾伏”，“别把我霾在春天里”……面对社会舆论，治污显得尤为迫切。6月14日，国务院常务会议确定了防治大气污染的10条措施，“用硬措施完成硬任务”。

婴幼儿奶粉的质量安全，无疑是整个食品安全工作的重中之重，因为这“关系千百万家庭的幸福和国家民族的未来”。5月31日召开的国务院常务会议，提出“按照严格的药品管理办法监管婴幼儿奶粉质量”。多名专家认为，这是新一届政府在儿童节前夕送出的最好礼物。

“棚改”是民生工程，也是发展工程；治污是民生工程，也是经济升级的重要抓手；发展养老服务业是民生工程，更能补上服务业的短板……有分析指出，新一届政府在改善民生时，以全新视角和思维，有针对性地选择社会领域的薄弱环节，加大投资力度，既能改善民生，又能培养新的经济增长点，把宏观决策时的“两难”变成双赢甚至多赢，收到了“一举多得”的效果。

20次国务院常务会议主要议题回顾

1

时间：3月18日

议题：研究确定了国务院领导同志工作分工；讨论通过了《国务院工作规则（修订草案）》；研究加快推进机构改革，重点是抓紧把政府职能转变的各项任务落到实处。

2

时间：3月27日

议题：研究确定今年政府重点工作的部门分工。

3

时间：4月3日

议题：部署开展现代农业综合配套改革试验工作，确定黑龙江省先行开展现代农业综合配套改革试验。

4

时间：4月10日

议题：决定进一步扩大营业税改征增值税试点；要求继续做好人感染H7N9禽流感防控工作。

5

时间：4月17日

议题：分析一季度经济形势，研究部署下一阶段工作。

6

时间：4月24日

议题：部署安排进一步做好四川芦山抗震救灾工作，把损失减少到最小程度；决定取消和下放一批行政审批事项，推进政府职能转变。

7

时间：5月6日

议题：研究部署2013年深化经济体制改革重点工作；决定再取消和下放一批行政审批事项；讨论通过国家卫生和计划生育委员会、国家能源局、国家海洋局主要职责、内设机构、人员编制“三定”规定。

8

时间：5月8日

议题：研究部署抓好当前农业生产、保障市场供应和价格平稳等工作。

9

时间：5月15日

议题：研究进一步部署四川芦山地震灾后过渡性安置并适时启动恢复重建工作；研究做好今年高校毕业生就业工作；决定进一步提高重点高校招收农村学生比例。

10

时间：5月31日

议题：研究部署进一步加强婴幼儿奶粉质量安全工作；围绕转变政府职能，通过一批法律修正案草案和废止、修改部分行政法规的决定。

11

时间：6月5日

议题：听取吉林宝源丰禽业有限公司特别重大火灾事故有关情况的报告，研究部署进一步加强安全生产工作。

12

时间：6月14日

议题：部署大气污染防治十条措施；研究促进光伏产业健康发展。

13

时间：6月19日

议题：研究部署金融支持经济结构调整和转型升级的政策措施；决定再取消和下放一批行政审批等事项；通过了国家新闻出版广电总局“三定”规定。

14

时间：6月26日

议题：研究部署加快棚户区改造。

15

时间：7月3日

议题：部署审计后整改工作，研究激活财政存量资金；通过《中国（上海）自由贸易试验区总体方案》和《中华人民共和国外国人入境出境管理条例（草案）》。

16

时间：7月12日

议题：研究部署加快发展节能环保产业；研究部署促进信息消费；还审议了保障水利重要设施安全的管理法规。

17

时间：7月24日

议题：暂免征收部分小微企业增值税和营业税；研究确定促进贸易便利化推动进出口稳定发展的措施；部署改革铁路投融资体制，加快中西部和贫困地区铁路建设；强调要继续有力做好甘肃定西抗震救灾工作。

18

时间：7月31日

议题：研究推进政府向社会力量购买公共服务，部署加强城市基础设施建设。

19

时间：8月16日

议题：听取抗旱防汛、粮食生产形势汇报并部署秋季农业重点工作；确定深化改革加快发展养老服务业的任务措施；讨论通过拟提请全国人大常委会审议的关于授权国务院在中国（上海）自由贸易试验区等国务院决定的试验区域内暂停实施有关法律规定的决定草案。

20

时间：8月21日

议题：决定出台严格控制新设行政许可的措施；再取消一批评比达标表彰评估项目；听取对中央企业监督检查情况的汇报。

数说20次常务会议

72

3月18日，新一届政府第一次召开国务院常务会议，就重点研究推进政府职能转变事项。会议研究确定实施《国务院机构改革和职能转变方案》的任务分工，将《方案》内容分解细化为72项任务，逐项明确了责任部门和完成时限。

48

3月27日，新一届政府召开第二次国务院常务会议，研究确定今年政府重点工作的部门分工。会议确定了今年政府6个方面及相关部分共48项重点工作，并将任务逐项分解到国务院各部门、各单位。

165

4月24日召开的国务院常务会议，决定取消和下放71项行政审批事项；紧接着的5月6日召开的国务院常务会议，决定再取消和下放62项行政审批事项。6月19日召开的国务院常务会议，决定取消和下放32项行政审批事项。在不到两个月的时间里，国务院常务会议就决定取消和下放165项行政审批事项。

76

8月21日召开的国务院常务会议，决定再取消76个评比达标表彰评估项目，并要求从严从紧加快清理其他评比达标表彰评估项目，尤其是带有收费性质的项目。早在5月15日，国务院就决定，取消10个评比达标表彰项目。

1200亿

4月10日召开的国务院常务会议，决定进一步扩大营业税改征增值税试点。据测算，全部试点地区企业2013年将减轻负担约1200亿元。

600万

7月24日召开的国务院常务会议决定，从今年8月1日起，对小微企业中月销售额不超过2万元的增值税小规模纳税人和营业税纳税人，暂免征收增值税和营业税。这将为超过600万户小微企业带来实惠，直接关系几千万人的就业和收入。

304万

6月26日召开的国务院常务会议决定，在过去5年大规模改造棚户区取得显著成效的基础上，今后5年再改造城市和国有工矿、林区、垦区的各类棚户区1000万户，其中2013年改造304万户。

699万

5月15日召开的国务院常务会议指出，今年高校应届毕业生达699万人，就业压力明显增大。要采取有效措施，切实保障应届毕业生就业水平不降低、有提高。

50%

7月12日召开的国务院常务会议要求，要推动节能环保和再生产品消费。政府公务用车、公交车要率先推广使用新能源汽车。到2015年，使高效节能产品市场占有率提高到50%以上。

3万

5月15日召开的国务院常务会议，决定进一步提高重点高校招收农村学生比例。今年要扩大农村贫困地区定向招生专项计划，将去年面向集中连片特困地区的1万名重点高校招生计划增至3万名。

（作者 / 广州日报全媒体记者王俊）